JN059992

青山眞二［監修］

益山友和・白府士孝・上野　樹
脇坂文貴・伊藤　功・土屋和彦［編著］

あるある事例の

はじめての特別支援教育
解決法98

図書文化

はじめに

　本書は，知的障害児を中心とした特別支援教育に関わる教師の疑問や悩み98項目について分かりやすくまとめたものです。作成にあたり，以下の5つのコンセプトを大切に様々な工夫を加えました。

1 はじめて特別支援教育に携わる先生方のために

　はじめて特別支援教育に関わる先生方や，まだ経験の少ない若手の先生方は，毎日思い悩みながら子どもたちと接しています。知識や経験の不足から，ベテランの先生方が何気なく行っていることに悪戦苦闘することは珍しくありません。そんな先生方の助けになる本を目指しました。

2 通常学級から特別支援学校まで使える幅広いコンテンツ

　今や特別支援学校や特別支援学級だけではなく，小・中学校の通常学級でも，子どもたちの教育的ニーズに対応した指導や支援が求められています。本書を通じて，様々な「学びの場」を越え，連続的で幅広い知識や技能が身につくことを目指しました。

3 先生方の疑問や困り感に臨床的視点から応える

　先生方は，机上論ではなく，現実的な理解や具体的な指導・支援の方法を知りたがっています。本書の編集や執筆に携わってくださった先生方のほとんどが，学校や福祉の分野で日々子どもたちと関わっていますので，悩みや困り感に対し，現場目線で臨床的な視点から応えています。

4 見開き1ページで，知りたいことのヒントが簡単に得られる

　学校現場の忙しさは，私たち執筆者が誰よりもよく分かっているつもりです。

だからこそ，必要なときに，必要な分だけヒントが得られる「エッセンシャルな本」を目指しました。具体的には，1つのテーマを「見開き1ページ」で簡潔にまとめています。知りたいことがあれば，その部分だけをさっと読むことができます。

5 「あるある事例」で，疑問や困り感を身近なものとして伝える

若い先生方の疑問や困り感をできるだけ分かりやすく，端的に示すために，仮想事例を導入にテーマを紹介しています。思わず「あるある」とつぶやいてしまう事例も多いのではないでしょうか。「あるある事例」は，若い先生方の「主体的な学びへの動機付け」になればという私たちの願いも込められています。

そして目次構成について，第1章では，「特別支援教育のキーワード」という枠組みで，「インクルーシブ教育」「合理的配慮」等の基本的な専門用語や，自閉スペクトラム症等の障害特性や指導方法等の基礎について解説しています。第2章では「通常学級における特別支援教育」，第3章では「特別支援学級（通級指導教室を含む）における課題」についてまとめています。また第4章では，「特別支援学校における課題」として，「指導内容と評価」，「具体的指導内容と方法」，「指導体制」の3つの節に分け，個別的対応から学校全体での組織的対応まで，分かりやすく解説しています。最後の第5章では，「特別支援教育と福祉制度・福祉サービス」という観点から，福祉の基本的な情報を示しています。

このように本書では，若い先生やはじめて特別支援教育に携わる先生方の，痒い所に手が届くテーマを厳選し，身近なガイドブックとして使えるように作られています。様々な場面で，多くの先生方にお役立ていただければ幸いです。

本書の活用の仕方

　本書の活用においては，読まれる先生方のニーズに応じて，様々な活用方法が考えられます。

1 ｜ 困りごと解決のためのお助け本として活用

　本書は，「あるある事例」を介して，98項目の疑問や指導上の困り感を提示しています。

　特別支援教育の用語・キーワードに関する疑問であれば，目次をチェックし，必要な用語を含むページを読んでみてください。

　子どもたちの指導方法に関する疑問や困り感に対しては，まずは指導を行っている子どもたちの「学びの場」に対応した章（第2章：通常学級，第3章：特別支援学級（通級を含む），第4章：特別支援学校）の目次を参照してみてください。自分の困りごとに関連する項目を見つけられるはずです。

　関連項目が，「学びの場」を超えて掲載されていることもありますので，その場合は章をまたいで読まれることをおすすめします。「学びの場」を越えた読み方は，特別支援教育の考え方や指導・支援への理解をさらに深めていくのに有効です。また，異なる「学びの場」を知ることにより，現在の自分の指導や子どもの状態を客観的に見直す契機ともなり得ます。

　特別支援教育に「学びの場」の境目はありません。よりよい指導・支援を求めて，「学びの場」を越えた広い読み方を推奨します。

2 ｜ 特別支援教育のエッセンスを学ぶテキストとして活用

　先述したように，本書は私たちが伝えたい特別支援教育の情報を98項

目，厳選して紹介しています。したがって本書には，知的障害を中心とした特別支援教育のエッセンスが詰まっています。特別支援教育を基礎から学びたい場合，理論解説である第1章から順に読み進めることをおすすめします。特別支援教育の大枠を押さえながら，様々な仮想事例に対する理解の深め方・指導や支援の方法について学ぶことができるでしょう。

また差し迫った困り感がない場合には，客観的な視点で仮想事例について考え，「自分ならこうするかもしれない」と主体的な学びに繋げることができます。各テーマが見開き1ページで完結していますので，隙間時間に少しずつ読み進めることもできます。

3 | 「あるある事例」だけを拾い読みし，現状の理解に活用

若い先生方の疑問や困り感を端的に理解できるように，本書に掲載されている98項目すべてが，イラスト入りの「あるある事例」からスタートしています。

冒頭の「あるある事例」だけを拾い読みすれば，先生方の疑問や困り感を理解できるだけではなく，「自分と同じ悩みをもっている先生」がいるという安心感や共感を得ることができるかもしれません。「あるある事例」を読むのにそれほど時間はかからないと思います。まずすべての「あるある事例」を一読した上で，興味のあるページをしっかり読み込んでいくというのも，本書の特徴を活用した読み方です。

4 | 学習会や研修会でサンプル事例・テキストとして活用

若い先生方が，気の合う仲間同士で週末に学習会を開いているという話をよく耳にします。しかし，その学習会で何を取り上げるかが大きな悩みの1つであるようです。本当は自分の指導している子どものことについて相

談したいのに，守秘義務があり，学校外でなかなか話題にできないのです。こんなときに，本書の仮想事例を使って，みんなで議論し合ってはいかがでしょうか。本書には98のサンプル事例が載っていますので,学習会のテーマを計画的に組むことができます。

　また，より多くの人が集まる研修会ではなおのこと，具体的な指導事例を出すことが難しくなります。こんな場合も本書の仮想事例をテキストのように用い，ワークショップで情報交換をする等，様々な活用方法が考えられます。ぜひ，積極的に活用していただければ幸いです。

　　令和4年1月

　　　　　　　　　　　　　　　　　　　　　　　　　　　青山眞二

はじめての特別支援教育
—「あるある事例」の解決法98

CHAPTER

　２章から４章では異なる「学びの場」を取り上げていますが，ぜひ自分の所属する「学びの場」以外の章の項目も眺めてみてください。章をまたいで登場するキーワードも多く，きっと「学びの場」を越えて生かせるヒントを見つけられるはずです。例えば，「アセスメント・実態把握」は１章５・17，３章２，４章２の２，４章３の１で，

「個別の指導計画」は１章７，３章１，４章１の２・８で主に登場しています。

　また，１章では「特別支援教育全体に関わるキーワード」を，５章では「福祉制度・福祉サービス」を，それぞれ解説しています。通常学級から特別支援学校まで，すべての「学びの場」で役立つガイドとなるでしょう。

第2章　通常学級における特別支援教育

第3章　特別支援学級（通級指導教室）における課題

第4章 特別支援学校における課題

【4章1 指導内容と評価】

・・・

【4章2　具体的指導内容と方法】

第5章　特別支援教育と福祉制度・福祉サービス

第1章 特別支援教育のキーワード

教育現場では、特別支援教育に関わるたくさんの専門用語が飛び交い、様々な支援方法が活用されています。中には、知っているようで知らない用語・支援方法があるのではないでしょうか。

本章では、特別支援教育の現場でよく使われる用語や支援方法についての基本を紹介します。

2章からの具体的な事例とあわせてお読みいただくと理解を深めやすいので、ぜひご活用ください。

1

特別支援教育とインクルーシブ教育

Q 通常学級でも，特別支援教育が必要なのですか

特別支援教育は通常学級でも必要なんだよね？
専門外の私たちに指導できるかな？

教科書をこなすだけで
精一杯だし一人じゃ心細いな。

通常学級1年目

ベテランの先生はできても，
新人の私たちにはつらいなあ。

基本的な理解

👍 特別支援教育とは

　障害のある子どもの自立や社会参加に向けた主体的な取組みを支援するという視点に立ち，子ども一人一人の教育的ニーズを把握し，もてる力を高め，生活や学習上の困難を改善又は克服するため，適切な指導及び必要な支援を行うものです。2007年の学校教育法等の一部改正により，発達障害も含めて特別な支援を必要とする子どもが在籍するすべての学校で実施することになりました。

　通常学級では特別支援教育コーディネーター，学級担任，教職員が連携し学校全体で実施します。障害種ごとに少人数学級で個に応じた教育を行う特別支援学級と，通常学級に在籍しほとんどの授業を通常学級で受けながら障害に応じた指導を週1〜8単位，通級指導教室で行う通級による指導も利用できます。

👍 インクルーシブ教育システムとは

　障害者の権利に関する条約第24条によれば，インクルーシブ教育のシステムとは，人間の多様性を尊重するとともに，障害者の能力を最大限に発達させ，自由な社会参加を可能にするための，障害のある人と障害のない人が共に学ぶシステムであると記されています。

通常学級にも配慮を要する子が6.5%以上いることを理解する

　文部科学省（2012a）の調査では小・中学校の通常学級には学習や行動・対人関係等で配慮を要する子が6.5%いることが示されています。配慮が必要だと気づかれにくい子もいることを考えると実際には6.5%以上いる可能性もあり，障害の有無によらず，丁寧な実態把握のもと子ども理解をすることが大切です。

　文部科学省（2012b）は，障害の有無にかかわらず個別の教育的ニーズのある子どもに対し，可能な限り同じ場で共に学び，将来の自立と社会参加を見据えた，個々の教育的ニーズに対応できる多様で柔軟な指導システムが重要であると述べています。

可能な範囲での個別配慮と学校全体での組織的対応を行う

　学級は様々な個性をもつ子どもたちの集団であり，そこには様々な教育的ニーズが存在しています。こうしたニーズにいかに対応するかが学校の大きな課題といえます。しかしすべてのニーズに学級担任が一人で対応することは不可能です。学級の一斉指導の中で，実施可能な個別配慮をするとともに，物理的・人的環境を整えるために学校全体で支え合う組織的な対応が求められています。

理解を深める

■地域によるインクルーシブ教育

　個々の教育的ニーズに応えていくためには，学級，学校だけで抱えるのではなく，地域の様々な教育資源を活用することが大切です。子どもたちと関わる様々な人たちや関係機関と連携しながら特別支援教育に取り組むことが求められています。子どもたちの教育的ニーズに応えるために学校の中だけではなくコミュニティーに包含するのが本来あるべきインクルーシブ教育です。

図1-1　地域によるインクルーシブ教育のイメージ
※➡は教育機関独自の目標や指導，⇨は連携や必要に応じた移動を示す。

2 配慮を要する子ども

Q 通常学級で配慮を要する子について教えてください

配慮を要する子どもは学級にいる？

勉強が苦手な子や，興奮すると手が出る子がいて，支援しているよ。

通常学級1年目

私の学級には，話の通じにくい子がいて，伝え方に苦戦しているの。心配な子がたくさんいるね。

基本的な理解

👍 配慮を要する子どもとは

　学級には，学習指導や日常の生活指導において，何らかの配慮や支援が必要な子どもがいます。背景に，発達障害の課題を抱えていることがあります。また，他にも，虐待等による愛着障害を示す子どもや外国籍の子ども等，発達障害以外の要因によって困難を抱えているケースも近年増加しています。

👍 発達障害とは

　発達障害に関する学術的に統一された定義はありませんが，特別支援教育の対象として「限局性学習障害（SLD）」，「注意欠如多動性障害（ADHD）」，「自閉スペクトラム症（ASD）」の3つが，代表的な発達障害として理解されています。
　SLDは，読み書きや計算といった学習上の特異的なつまずきがあるといわれています。ADHDは，注意の集中や行動上の顕著なつまずきがみられます。ASDは，対人関係を含めた社会性におけるつまずきを示す一群といえます。またこの他，全般的な発達の遅れを示す知的能力障害（ID）も発達障害といえます。

困った行動の背景要因を考える

　例えば学習に集中できない子の場合，注意を維持するのが元々苦手だったり，もしくは学習の内容が理解できなくて学習を放棄しやすかったりするのかもしれません。この他，様々な背景要因が考えられます。背景要因によって配慮の仕方が異なりますので，丁寧なアセスメントが必要です。

困った行動が起きにくい環境（物理的・人的環境）を整える

　困った行動の背景要因が分かった場合は，それに基づいて教室内の環境整備を行います。教室内の視覚的な刺激を最小限にとどめることや，関係が良好な友達と近くにする等座席設定の工夫をすることで，困った行動が生起しにくくなる場合があります。

　また，授業の展開パターンを明確にすることや，動的な活動と静的な活動の構成を工夫して授業にメリハリをつける等，分かりやすい授業の展開を構成することも，環境整備の1つといえます。

理解を深める

■重なり合う障害

　発達障害は，複数の障害が重なり合っている場合もあることから，多動傾向が見られる SLD の子どもや，自閉的な側面が見られる ADHD の子ども，また ASD・SLD・ADHD の3群の特徴を示す子ども等がおり，それぞれ柔軟な支援が必要です。現れている課題が同じでも，背景は異なるケースが多いので，アセスメントが重要なのです。

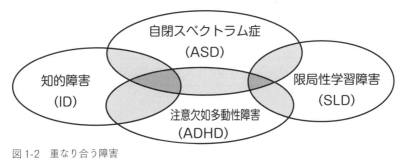

図1-2　重なり合う障害

3

教育におけるユニバーサルデザイン（UD）

Q ユニバーサルデザインの授業とはどんな授業ですか

最近よく聞くUDの授業。今度取り組む
ことになったけど，よく分からなくて。

誰もがよく分かる授業のことじゃないの？

通常学級1年目

それが授業だけじゃなくて学校全体の
環境整備とかも含むみたいで……。

基本的な理解

👍 ユニバーサルデザインの授業とは

　誰もが「分かる・できる」を目指した授業です。これまでの伝統的な教育が目指すところと何ら変わることのないもので，教育の普遍的な目標です。子どもの理解を深めるにはどうしたらよいかを深く追究していくことなのです。

👍 学級全体を意識した環境整備と指導の工夫

　UDの授業とは，配慮を要する子どもだけではなく，「学級のみんなが理解しやすいように」という意識で環境整備と指導の工夫を行うことです。学習で苦戦している子どもにとって分かりやすい環境整備と指導の工夫は，苦戦していない子どもにとっても分かりやすい指導になるという考え方に基づいています（次節で説明している「基礎的環境整備」も参照してください）。

👍 特別支援教育の視点を取り入れた指導

　特別支援教育の「一人一人の教育的ニーズに応える」という視点を通常教育に取り込み，子どもの学びにおける弱さ（例：聴覚情報の処理やワーキングメモリーの弱さ等）も理解した上で授業を組み立てる必要があります。

　授業の UD 化では，どの子にとっても分かりやすくする工夫が必要です。桂（2011）が示す「焦点化・視覚化・共有化」の視点での授業の再構成が有効です。

授業を「焦点化」する

　授業のねらいや活動を絞ることです。授業者が指導内容や教材を精選することで，子どもにとってシンプルで分かりやすい学習となります。

授業を「視覚化」する

　聴覚情報だけではなく，視覚情報を適切に用いて，学習内容の視覚的理解を促す授業の工夫です。授業は聴覚情報が主体となりがちですが，聴覚情報を視覚化したり，補完情報として視覚情報を提示したりする等の工夫が重要です。

授業で「共有化」する

　他者の意見に耳を傾け，意見のよさをみんなで分かち合う過程を「共有化」といいます。発達障害を示す子は自分の考えを表現することや，他者の考えを理解すること等相互理解に困難を抱えやすいため，単に話し合いをさせるだけでなく，他者の意見を自分の中に取り込むためのガイドが教師に求められます。

理解を深める

■ユニバーサルデザインに基づく指導の 3 段構え

　同上の桂（2011）は，ユニバーサルデザイン化した授業において，以下の 3 段構えで指導することが求められると述べています。

〈第 1 段階〉「指導の工夫」

　授業の「焦点化・視覚化・共有化」を図った授業全体の工夫。

〈第 2 段階〉「個別の配慮」

　第 1 段階で苦戦する子に対する授業時間内の個別的配慮。

〈第 3 段階〉「個に特化した指導」

　第 2 段階で苦戦する子への時間外の個別指導。

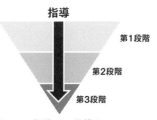

図 1-3　指導の 3 段構え

4 教育における合理的配慮

Q 合理的配慮を行う際の注意点を教えてください

保護者から，ノートをとるかわりにデジカメを使わせてと言われたの。軽いマヒがあって，時間がかかるからって。

それなら，合理的配慮の範疇かもね。

もしみんなが使いたいって言ったらどうしよう？　どんな説明が必要かな。

通常学級1年目

基本的な理解

👍 合理的配慮とは

文部科学省（2012b）では，「障害のある子どもが，他の子どもと平等に『教育を受ける権利』を享有・行使することを確保するために，学校の設置者及び学校が必要かつ適当な変更・調整を行うことであり，障害のある子どもに対し，その状況に応じて，学校教育を受ける場合に個別に必要とされるもの」であり，「学校の設置者及び学校に対して，体制面，財政面において，均衡を失した又は過度の負担を課さないもの」と定義しています。

👍 基礎的環境整備とは

合理的配慮の土台となる教育環境の整備のことです。国・都道府県・市区町村が財源を確保し，役割分担して行います。合理的配慮は基礎的環境整備をもとに個別に決定されるので，各学校の基礎的環境整備の状況により異なるものになります。

通級による指導や支援学級及び特別支援学校の設置は一人一人の学習権を保障する観点から多様な学びの場の確保のための基礎的環境整備として位置づけられます。他にも学校施設のバリアフリー化や教師の専門性向上のための研修等も基礎的環境整備に該当します。

指導・支援のポイント

ニーズの中から見えてくる配慮として「合理的配慮」を行う

　配慮を要する子どもたちは，それぞれ特別な教育的ニーズをもっていますが，すべてにすぐ対応できるとは限りません。様々なニーズの中で優先順位が高く，なおかつ合理的な理由に基づくニーズに対し，教師や学校に過度な負担がかからない範囲でどのような支援や配慮ができるかを検討することになります。

当事者との合意形成の上で決定・実施する

　合理的配慮は，当事者（子ども及び保護者）の「意思表明」に基づき，当事者との協議で合意を得て決定することが大前提です。しかし教師が必要と考えた場合，当事者の同意を得て行うことは可能です。

周囲の理解が得られるように配慮する

　合理的配慮をする場合，本人と保護者の同意をもとに，その配慮が特別ではないことを周知するため，また本人も周りの友達も納得して生活するため，学級全体へ丁寧に説明し，理解を得ることが重要です。配慮をする理由等について，子どもたちの発達段階に応じた説明の仕方を工夫しましょう（周囲に気づかれない合理的配慮を行う場合，説明しないケースもあります）。

理解を深める ～合理的配慮の具体例

■拡大プリントの活用

　視覚障害等で通常のプリントが読み取りにくい場合，拡大することで対応できます。また書字に課題がある場合，テストを拡大し，解答欄を大きくすることで力を十分に発揮できることがあります。

■試験時間の延長

　書字等に時間がかかる場合，テストを別室で，時間を延長して実施することが考えられます。

■課題量の調整

　学習の遅れ等で課題を十分こなせない場合，量を減らす調整が考えられます。

5 子どもの実態把握とアセスメント

Q 子どもの理解を深めるためのポイントを教えてください

実態把握って，具体的に何をするのでしょうか？　やはり心理検査ですか？

支援学級1年目

それも大事だね。でも，他にも重要な手がかりがあるよ。

普段の様子を見て判断するってことですか？

基本的な理解

👍 インフォーマルなアセスメント

子どもとの日常的な関わりの中で，状況に応じた実態把握をするものです。ですから，決まった形があるわけではありません。観察することで実態を把握することもあれば，会話の中で子どもの思いを深く理解できることもあります。応用行動分析（本章17節参照）を用いた実態把握もインフォーマルなアセスメントに当たるでしょう（例：「体育館に行くと奇声を上げる」→奇声の前のきっかけ「音の響きが嫌！」を捉える→「イヤーマフの着用」→「奇声の減少」）。

👍 フォーマルなアセスメント

心理検査等，客観的な指標を用いて子どもの実態を把握しようとすることです。知的機能や認知について知りたい場合は，WISC-IV（日本文化科学社）やKABC-II（丸善出版）等を実施します。また行動面での実態を知りたい場合，Vineland-II（日本文化科学社）等が挙げられます（コミュニケーションや日常生活スキル等の発達レベルを把握できる検査です）。教科別の学力については，教研式標準学力検査NRTや教研式標準学力検査CRT（共に図書文化）等があります。

明らかにしたいことは何か，整理する

　子どもと関わる際に，「この子はどこでつまずいているのだろう」「何がどこまでできているのかな」等と考えることがあると思います。そうした疑問（どの場面・分野のどんな活動・作業がどうなのか）を箇条書きで挙げ，把握できていることとできていないことを整理することが実態把握の第一歩です。

どうすれば明らかになるか，方法を考える

　整理した疑問点に対し，どうすれば子ども理解の情報が得られるかについて考えると，客観的な心理検査が必要な場合や日常の関わりの中で確認できる場合等いろいろなパターンがあることに気づきます。最適な方法を検討しましょう。

明らかになったことの裏付けをとる

　心理検査等で示された情報は，子どものある側面を表しているに過ぎません。必ず，学習場面や日常生活場面の子どもの様子と照らし合わせ，つまずきの理解を深めることが大切です。

理解を深める

■チェックリストを活用した実態把握

　調べたい行動が多い場合や詳細に分析したい場合，事前に観察対象の行動のチェックリストを作成して観察するとより正確なデータを得られます。また，行動予測や観察対象の行動の整理にも繋がります。

　チェックリストの内容は，何を明らかにしたいかによって異なります。例えば「行動問題の頻度」を調べたいのであれば，予想される行動問題を事前に列挙したチェックリストを用意すると行動頻度を記録するのに役立ちます。また「平仮名の書字の習得状況」を見るならば，50音表を用い，「〇・△・×」でチェックするのもよいでしょう。このように，何を知りたいかを明確にした上で，チェックリストや記録用紙を工夫することが大切です。

6 個別の教育支援計画

Q 個別の教育支援計画の作成は何から取り組めばよいですか

「個別の教育支援計画」って，何から始めたらいいでしょうか。

入学前の引継ぎ資料はあるんですけど，実態把握のための情報が足りなくて……。

支援学級1年目

保護者の話をしっかり聞き，関係機関の人たちとも連携するといいよ。

基本的な理解

👍 個別の教育支援計画とは

障害のある子ども一人一人のニーズを把握し，長期的な視点で，乳幼児期から学校卒業までを通じて一貫した的確な支援を行うことを目的とした，学校教育に限らない計画です。教育や医療，福祉，保健，労働等様々な関係機関が連携協力して作成・活用し引き継いでいきます。

👍 個人情報保護の観点

在学中は本人・保護者の委任を受けて学校が保管・管理し，卒業時に本人・保護者に戻されます。本人・保護者のものとして作成・活用するため，計画それ自体が個人情報といえます。計画の作成や保管・管理の方法について本人・保護者の同意を得て，同意書等により明らかにします。

図 1-4 障害のある子どもを生涯にわたって支援
独立行政法人国立特殊教育総合研究所（2006）をもとに著者が作成

実態把握から始める

　本人・保護者の同意と共通理解を得て情報収集を行います。引継ぎ資料や現在の活動の様子，本人・保護者からの聞き取りは基本情報となり，重要です。他機関での様子や心理検査等の結果からも実態把握します。実態把握のポイントを明確にし，課題だけでなくよさや強みも把握しましょう（前節参照）。

子どものよさを生かして目標・指導内容を設定する

　実態把握から得た課題やつまずきだけでなく，子どものよさや得意を生かして目標や指導内容を設定すると，意欲や自信を引き出すことに繋がります。

個別の指導計画との役割の違いを整理して活用する

　個別の教育支援計画が，主に他機関との連携を図るための，長期的な視点に立った，学校教育に限らない計画であるのに対して，個別の指導計画は学校の教育課程を具体的に指導するための細かい計画です。個別の教育支援計画に基づいて個別の指導計画を作成します（次節参照）。

理解を深める

■連携のツールとしての効果的な活用

　個別の教育支援計画は保護者や教職員，関係機関が共有したり，転学・進学先等と引き継いだりするものです。計画に記載されている支援の目標や内容を共有することで共通認識をもち，それぞれの立場で必要な支援を行うことができます（関係機関等への共有には，事前に本人・保護者の同意が必要です）。転学や進学の引継ぎ時には，合理的配慮の具体的な内容や方法が書面で伝わることで，本人・保護者が安心して次の学校やライフステージの生活を送ることに繋がります。

　共有や引継ぎのための支援会議では，「伝えたいこと」「聞きたいこと」等を事前に明確にしておくことでスムーズに会議を進めることができます。

個別の指導計画

Q 個別の指導計画の目標設定の仕方を教えてください

ヒロさんは学習上・生活上の課題がたくさんあり，何から目標にするといいか，分からなくて……。

客観的なアセスメントをしっかり行って，できそうなことを目標にするといいよ。

支援学級1年目

なるほど。できないことじゃなくて，できそうなことを捉えるんですね。

基本的な理解

👍 個別の指導計画とは

　障害のある子ども一人一人の的確な実態把握のもと，指導目標，指導内容，指導方法を明確にし，きめ細かな指導・支援を行うために作成する計画です。特別支援学校だけでなく，幼・小・中・高等学校で作成・活用することが幼稚園教育要領・各学習指導要領に規定されています（通常学級在籍の障害のある子どもにも，作成し活用に努めることとなっています）。各学校の教育課程や個別の教育支援計画で示された長期的な支援方針を踏まえ，より具体的な指導内容を盛り込んだ計画として事前に定めた指導期間ごとに作成します。

👍 個別の指導計画の様式・作成の手順

　決められた様式はなく，学校や子どもの実態に合わせ，各学校で作成します（各学校に様式が保管されている場合があります）。文部科学省や各自治体が様式例を示しているので参考にするとよいでしょう。

　作成の手順は，実態把握→指導目標の設定→指導内容・方法の設定→指導の展開→評価・修正となり，図1-5のようなP（計画）-D（実践）-C（評価）-A（改善）により，適宜見直しを行い，指導の改善・充実を図ることが必要です。

「できること」や「できそうなこと」を捉え目標設定をする

　学校生活の中での行動観察や諸検査，引継ぎ資料等から，障害の状態，興味関心，生活環境，本人や保護者のニーズ等の実態把握を行います。その際，課題や苦手なことに対して「なぜできないのか」と考えるだけではなく，「どうすればできるのか」に着目して指導目標（例：1年間の長期目標と3〜6ヶ月の短期目標）を設定します。目標の期間を決め，できそうなことから始めると，子どもの自信や意欲に繋がります。よさと課題の両面を捉え，よさを伸ばし，目標達成のための意欲を高めることを重視した指導が大切です。

目標達成のための指導内容・方法を検討し，授業を展開する

　指導内容は子どもの生活や学習に直結する内容にします。支援方法については誰がどの場面でどのように行うのかを具体的に示すことで支援がスムーズになります。そして，支援方法と合わせて評価基準を明確にしておくことで，子どもの授業における変容を捉えやすくなります。個別の指導計画で設定した個別目標やその手立てを各学習指導案の単元目標や本時目標の中で具現化することが重要です。

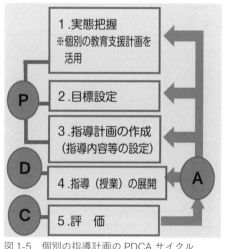

図1-5　個別の指導計画のPDCAサイクル

学校と家庭との連携を大切にする

　子どもが学校で学んだことが将来の生活に繋がるように，目標達成に向かって子どもがどのように努力しているのか，どのような課題にどのような方法で取り組んでいるのか等，学校と家庭の様子を共有し合うことが大切です。

8 知的障害（ID）

Q 知的障害のある子どもたちの支援をはじめて行います

これまで，自閉症教育等でいろいろな
教育技法を学んで実践してきたけれど……
知的障害のある子の支援ははじめて。

そもそも，知的障害教育って何だろう？
いまさらだれにも聞けない……。

支援学級2年目

基本的な理解

👍 知的障害とは

「知的機能の発達に明らかな遅れと，適応行動の困難性を伴う状態が，発達期に起こるもの」と定義されています。知的機能の水準は，知能検査による知能指数（いわゆるIQ）を基準に測定されます。知的障害ではIQ70が1つの判断基準となります。

知的障害により日常生活や社会生活において他人とのコミュニケーションや意思決定等において困難を示すことが多くありますが，知的障害の状態は，生活や教育の環境条件を整備すること等によって変わります。

👍 スローラーナーという考え方

知的障害のある子もない子も，基本的に同じ道筋をたどりながら学び，成長していきます。知的障害がある子はそのスピードがゆっくりで，スローラーナーといえます。学ぶスピードは違えど一人一人が生活に必要な知識・技能や生活を豊かにしていく力を確実に身につけながら人生を歩んでいくという考え方を基本に，一人一人のペースに寄り添う視点を忘れないようにしましょう。

認知機能の特性を考慮する

　知的障害のある子は，複雑な話や抽象的な内容が分かりにくかったり，文字の読み書きや計算が苦手だったりします。対人関係では，自分の意見を正しく伝えたり，相手の話を正確に理解したりすることが難しい場合もあります。子どもとの関わりや指導ではこうした認知機能の特性に配慮することが必要です。

子どもが生活上で求めている力を育む

　名古屋（2010）が示すように，近年，知的障害のある人が適切な支援条件下で自分の力と個性を発揮し，一人一人がやりがいと手ごたえのある生き生きとした生活を送れるような自立的・主体的な生活を実現することがこれまで以上に求められています。教師や支援者が子どもに身につけさせたい力を育むのではなく，子どもが生活上で求めている力を把握し，その力を生かせる状況づくりを授業の中に設定することが重要となります。

理解を深める

■できる状況づくりで「主体的・対話的で深い学び」の具現化

　環境が改善されることで障害が障害ではなくなることが多くあります。例えば学校生活の中に①自分の意思で取り組む状況や②仲間の中で知識・技能を生かす状況，③自分や仲間のよさを共有する状況を設定することで，自分から学びに向かうようになり，一人一人が身につけた知識・技能を生かして自分の意思で活動することが可能になります。作業学習を例にして考えると，①は例えばどの工程を担当したいかを選んでもらうこと等が考えられます。②は得意な作業に責任をもって取り組んでもらうこと等が考えられます。③は仲間と丁寧に仕上げるこつを共有してよりよい製品を仕上げること等が考えられます。

　いずれも学ぶ根拠を明確にすること，実際的な生活の中で学ぶ状況をつくること，過剰支援にならないよう配慮すること，活動を十分保証することに留意することも大切です。様々な学習場面で「できる状況づくり」を行うことで，知的障害教育における「主体的・対話的で深い学び」が具現化されます。

9

自閉スペクトラム症

Q 自閉スペクトラム症のある子への支援に困っています

> 自閉スペクトラム症のアキラさん，いつもみんなと違うことばかりして，私の話も聞いてくれない……。

> 話を理解しているときもあるんだけれど，いつも手をひらひらさせながら遊んでいて……。

通常学級3年目

基本的な理解

👍 自閉スペクトラム症という考え方

　子どもたちが示す様々な状態を単一的にではなく，様々な色が含まれる虹のように1つの連続体として捉えるのが「自閉スペクトラム症」という考え方です。こうした捉え方により，障害の定義にとらわれず，一人一人の特性を理解し，個々の実態に応じた支援が可能になってきています。

👍 自閉スペクトラム症の特徴

　自閉スペクトラム症とは，幼児期早期までに発症し，対人関係やコミュニケーション能力の困難やこだわりの強さ・興味の狭さを示す障害です。遺伝的素因や脳機能障害が原因とされています。

　1979年にイギリスの児童精神科医ローナ・ウィングは，自閉スペクトラム症の人がもつ特徴として「社会性の難しさ」「コミュニケーションの難しさ」「イマジネーションの難しさとこだわり」を示し，これを「ウィングの3つ組」と提唱しています。

社会性の難しさを考慮する

　自閉スペクトラム症のある子は，人と関わるときに適切に行動できず，相手と関係を築くことや，関係を維持することが難しいため，人間関係のあり方を個々の実態に応じて分かりやすく伝え，支援する必要があります。

コミュニケーションの難しさに配慮する

　相手が言っていることや感じていることを理解したり，気づくのが難しかったりするといわれています。また，自分の言いたいことや感じていることを相手に分かりやすく伝えたり，表現したりすることが難しいため，個々の実態に応じたコミュニケーション手段を獲得できるように支援する必要があります。

イマジネーションの難しさやこだわりを理解する

　自分が見たことや予想していたこと以外の出来事や状況を想像・理解することが難しかったり，自分の興味のあることや心地よいパターンの行動に強いこだわりがあり，想定外の行動を取ることに抵抗を示したりする場合があります。そのため，個々の実態に応じて情報を獲得できるよう支援する必要があります。

理解を深める

■様々な症状を見せる子どもの実態把握

　自閉スペクトラム症のある子は，脳機能の発達の違いにより様々な症状を見せます。基本的な自閉スペクトラム症の知識をもった上で，個々の実態把握と，それに基づいた支援が必要です。

■一人一人に合った視覚情報の活用

　自閉スペクトラム症のある子は，視覚情報の活用が得意といわれます。ただし，知的障害やLDとの重複等があれば文字の理解は難しく，イラスト等での提示が効果的です。また情報を1つずつ示すのがよいか，全体を示すのがよいか等，一人一人の情報処理能力を見極めながら，調整することが必要です。

特別支援教育における授業の大原則

Q 実態差の大きい学級で，全員の理解を深めたいです

足し算の勉強で，数が大きくなると
理解できていない子がいるんです。

それだと，大きい数の
足し算はまだ早いんじゃない？

でも，他の子どもたちは意欲的だし，
大きい数の足し算は生活に必要なことなので……。

支援学級 2 年目

基本的な理解

👍 指導目標の個別化と具体化

　各指導の目標には単元目標等の授業全体に関わる目標と共に，子ども一人一人の教育的ニーズや実態に即した個別目標を併記します。特に個別目標の設定では，抽象的な表現ではなく，どのようになれば目標が達成されたのかが分かるように，行動レベルの具体的な目標にすることが大切です。

👍 指導内容の個別化と具体化

　指導内容においても子ども一人一人の指導目標を達成できるよう，課題をいくつかの要素に分解し，適切な要素に着目できるような指導内容と指導方法の工夫が必要です。指導内容の個別化と具体化は特別支援教育の基本といえます。

👍 指導教材の個別化と具体化

　子どもの実態によっては，周囲の子どもと同じように学習に取り組めないことがあります。こうした場合，その子のためのジグ（補助具）を用意したり，教材自体を工夫したりする等の個別配慮が必要になります。

一人一人の教育的ニーズを理解する

　特別支援教育は子ども一人一人の教育的ニーズに応えるものです。どのようなニーズをもっているか理解することが，指導を考える第一歩となります。

的確な実態把握と課題分析に基づく指導を行う

　指導内容や指導方法を適切なものにするには，子どもの適切な実態把握が必要です。実態に即した指導内容や指導方法は効率のよい指導を導きます。例えば，100m走の指導で子どもの実態に応じた個人目標をもたせることが一例です。また，授業で行う課題には様々な要素が含まれています。課題分析を行った上で，子どもの教育的ニーズと実態に照らし，課題のどの要素に着目し，その部分を授業でどのように生かし，全体指導でどのように位置づけるかを考えましょう。

理解を深める

■「指導目標」の具体化

　例えば，「簡単な足し算ができる」は，分かりにくい目標の典型例です。「合わせた数が５までの足し算ができる」とすると，その課題で扱われる数字は１～５までとなります。指導目標が具体化すると，指導内容がイメージでき，課題や評価基準が明確になります。他の教科等の目標でも同じことがいえます。

■「指導内容・指導教材」の具体化

　例えば，「合わせた数が５までの足し算ができる」という目標を設定した場合，その子の好きな「イチゴ」に着目し，「５個のイチゴを使った足し算」の問題を提供することが考えられます。

　指導内容が明確になると，子どもの実態に即した具体的な個別配慮（例：時計が読めない子の場合，時計の文字盤の周囲に１～60までの数字を入れる）もイメージできます。個別の指導教材等の工夫（例：文字の想起に時間がかかる子の場合，机に50音表を置くことで書字課題の負荷を軽減する）も具体化し，学習の様子が想像できるようになります。

11 教科別の指導

Q 知的障害教育での教科別の指導とはどんな指導ですか

算数の引き算で，繰り下がりの計算がなかなか定着しないんです。

支援学級2年目

どんなふうに学習しているの？
子どもたちの様子はどうかな？

プリントを使って繰り返し取り組んでいます。みんながんばっていますが，後半は集中できない子も……。

基本的な理解

👍 教科別の指導とは

教科別の指導は，（知的障害のある子どもへの教育を行う）特別支援学校の各教科等を参考にして，教科ごとの時間を設けて行う指導のことを指します。

ここでいう各教科とは，通常教育における学問的系統に沿ったものではなく，知的障害のある子どもの生活の自立に必要な独自の内容をもって組織され，整理されてきたものであるということについて理解しておくことが重要です。

👍 知的障害のある子どもの学習上の特性及び教育的対応

知的障害のある子どもの学習上の特性の1つとして，「学習によって得た知識や技能が断片的になりやすく，実際の生活の場面の中で生かすことが難しいこと」が挙げられます。このことから，教科別の指導においても，実際の生活場面を想定した学習活動や展開を設定したり，教材・教具等の工夫をしたりすることが重要になります。

この特性は，次節で紹介する「各教科等を合わせた指導」を行う上でも，大切な視点になります。

指導・支援のポイント

学習内容を焦点化した繰り返し指導を行う

　一言で「〇〇が定着しない」といっても，その背景要因は個々の実態や学習経験等によって異なります。つまずきのポイントを的確に把握し，学習内容を焦点化したり，調整したりしながら効果的に進めるようにしましょう。

実際的で具体的な学習活動からスタートする

　学んだことを生活の中で活用できるようにするためには，実際的な場面設定（例：算数で学んだ分数を用いて，ケーキを 1/4 にカットする等）や教材・教具の使用等が有効と考えられます。プリント教材等を活用した繰り返しの学習と併せて，生活に繋がるような学習展開を工夫しましょう。

できないことだけではなく，できることにも目を向ける

　学びに向かう力を育むため，できることを活用し，「やり遂げられた！」という成功体験を積むことができる学習を取り入れることが大切です。教科指導の順序性・系統性を生かし，個々に合ったスモールステップの指導を行いましょう。

理解を深める

■個に応じた指導の必要性についての理解

　教科別の指導を一斉授業で行う場合，子どもの実態差への対応が課題となることがあります。課題設定が合わない授業では，分からない・できない経験を積むことになり，取り組む態度や姿勢に大きく影響します。そのため，学習集団の編成の工夫や，子どもの実態に合わせて学習内容を個別的に選択・組織することが重要になります。

■学ぶことの目的や意義を子ども自身が理解すること

　学んだことを実際の生活場面において活用できるようにするためには，学習活動における学びの必然性があり，子どもが学ぶことの目的や意義を理解できるようにすることが大切です。授業における学習活動において，また，各教科等の学習活動との関連において，例えば季節の行事と結びつける等，子どもが理解できるような自然な形で，学びの文脈をつくるようにしましょう。

12 各教科等を合わせた指導

Ｑ 各教科等を合わせた指導の実際を教えてください

> 特別支援学校の生活単元学習って，どんな学習をすればいいのでしょうか？

特別支援学校1年目

> 「各教科等を合わせた指導」の1つなのだけど，聞いたことはある？

> 知ってはいるのですが，実際の授業でどのような内容を扱えばよいのか……気を付けることはありますか？

基本的な理解

👍 各教科等を合わせた指導とは

（知的障害のある子どもの教育を行う）特別支援学校で実施されている，子どもの学習上の特性等に基づく指導の形態です。知的障害のある子どもの場合，教科別の指導だけでは十分な理解を促すことが難しいことがあります。そのため，各教科，道徳，外国語活動，特別活動及び自立活動（次節参照）の全部又は一部を合わせて行う指導があります。この指導の形態は，学校での生活を基盤とした実際的な生活の流れに即した活動に，自立的・主体的に取り組むことを通して，その子なりの生活の自立を実現できることが意図されており，日常生活の指導，遊びの指導，生活単元学習，作業学習等として実践されています。

👍 合わせた指導の捉え方

「合わせた指導」は「分けない指導」として理解することが重要です。学習指導要領という教育課程の基準で整理する必要性から各教科等に内容を分けて示されているため，実際的な生活の流れに即した活動を行う際に「合わせる」という表現になっていますが，各教科等に分けられる以前の未分化な（＝分けない）生活活動そのものに取り組むものと捉えることが本来意図されるところです。

指導・支援のポイント

実際の生活に即した活動に，自然な流れで取り組む

　生活の中で生かせる力を身につけるためには，実際的な生活の諸活動に，実際的な流れに即して取り組むことができるようにすることが重要です。

　例えば生活単元学習「じゃがいもを植えよう」の「30cm 間隔で種芋を植える」という作業で次のような支援が考えられます。

① 30cm という長さを感覚的に知っている子には，言葉の支援を行う。

②長さの概念の理解が難しい子には，30cm の棒を使って具体的に示す。

③ 30cm の棒を操作することが難しい子には，畝に 30cm おきに石灰で示す。

　このように障害の状態，生活年齢，学習状況や経験等を把握した上で生活上のテーマを設定し，必要な内容を自然な流れで展開するよう心がけましょう。

活動に対する一人一人にとってのやりがいや手応えを考える

　授業の計画では，漠然とした活動や流れにならないよう留意する必要があります。一人一人がやりがいを感じながら精いっぱい取り組むことができる活動や，目的の達成等手応えを実感できる活動となるよう，個々の活動と指導・支援に焦点を当てた具体的な指導内容と，育成したい資質・能力を明確にすることが重要です。

理解を深める

■具体的な学習内容を考える

　生活単元学習では，季節に関わる単元や外出を中心とした単元等，考えられる生活上のテーマは多様です。そこに子どもにとってのやりがいという視点を加えると展開の仕方はさらに広がります。子どもの状況をもとに，教師の持ち味や発想を生かした内容を考えましょう。作業学習では，働く生活に向けた高い労働性と継続的に取り組むことができる活動が求められます。ここでも子どもにとっての手応えという視点を加えると，地域に働きかける活動や作業の質の向上といった取組みを通して社会への貢献を実感できるようにする等の工夫が考えられます。大切なことは，子どもにとっての魅力的な生活を考え，活動に精いっぱい取り組むことができる状況を整えることです。

自立活動の指導

Q「自立活動」とはどのように進めるのですか

自立活動の指導経験がないのですが，
どのように進めればよいですか？

特別支援学校 1 年目

特別支援教育に特別に設けられた指導領域なので，
経験がないとなかなか分からないよね。

特に知的障害の子どもに対する自立活動を，
どう考えればよいか分からなくて……。

基本的な理解

👍 自立活動の指導とは

　自立活動の指導は，特別支援学校・支援学級・通級による指導の教育課程において特別に設けられた指導領域で，子ども一人一人が自立を目指し，障害による学習上又は生活上の困難を主体的に改善・克服しようとする取組みを促す教育活動とされています。知的障害教育においては，主障害である知的障害に対応する内容を各教科において定めているため，ここでいう障害は，知的障害に伴って見られる言語，運動，動作，情緒等の状態に着目することがポイントとなります。

👍 指導計画作成の基本的な流れ

　指導計画作成の流れは，学習指導要領解説で例示・解説がなされている「流れ図」を確認することが大切です。大まかな流れとしては，「実態把握」→「指導すべき課題の整理」→「指導目標の設定」→「具体的な指導内容の設定」となっており，それぞれの手順を丁寧に行うことが，根拠に基づく効果的な指導を検討する上で重要になります。

指導内容を検討する際の着目点を確認する

　指導計画の検討では，子ども一人一人の障害の状態や心身の発達の段階，生活の様子等を把握した上で，顕著に発達が遅れているところや特に配慮を要する状態に着目します。例えば，発音の不明瞭さや姿勢の維持，ファスナーの扱いの難しさ，失敗経験の積み重ねによる継続的な不安状態等が考えられます。

学校生活における様々な学習の機会を活用する

　自立活動の時間を設定して指導する場合もありますが，それだけではなく，学校の教育活動全体を通じて行うことが大切です。各教科等の指導場面を通じて貴重な学習の機会を逃すことがないよう指導計画を検討した上で，適切に指導を進める必要があります。例えば体育のリレー場面で，人間関係の形成で学んだ他者への適切な声かけを実践することが考えられます。個々の指導目標に応じ，学校生活の様々な機会を活用しながら効果的に進めるようにしましょう。

理 解 を 深 め る

■「学習上又は生活上の困難」を多面的に捉える

　自立活動の内容は6区分27項目で示されます。6区分は①健康の保持，②心理的な安定，③人間関係の形成，④環境の把握，⑤身体の動き，⑥コミュニケーションです。生活を営むために基本となる行動に関する要素と障害の状態を改善・克服するための要素で構成され，意欲といった個人因子や，補助的手段の活用といった環境因子も含まれています。子どもの全体像を多面的に把握した上で必要な項目を選定し，相互に関連付けて具体的に指導内容を設定する手続きを踏むことで，実情に即した主体的な取組みを促す指導に繋がります。

■主体的な取組みを促すために

　具体的な指導内容を検討する際は，困難な部分のみに焦点を当てるのではなく，すでにできていること，支援があればできること等にも目を向けましょう。それらは活動に対する意欲やできることを生かそうとする姿勢を育むために必要な視点で，子どもが自立を目指し，主体的に活動に取り組むことを促す指導を考える上で重要です。

14

学びの連続性がある学習支援

ⓆＱ 身につけた知識や技能を生かすにはどうすればよいですか

保護者から「足のサイズが大きくなり，マジックテープ付きの靴を探すのが大変。息子に靴紐を結べるようになってほしい」と相談を受けた。

将来に繋がることなので支援したいけど，何から始めればいいのだろう。

特別支援学校小学部
６年生担任

基本的な理解

👍 知的障害の学習上の特性を踏まえた段階的な指導

　知的障害のある子どもの特徴として「学習によって得た知識や技能が断片的になりやすいこと」，そのため「実際の生活の場面で活かすことが難しいこと」等が挙げられます。

　「この授業で〇〇ができるようになったので，この指導はおしまい」ではなく，授業でできるようになったことを実際の生活場面で生かせるような指導が求められています。また，他の授業の中において般化をする場面や応用をする場面をつくることも重要です。

　指導を行う際には，子どもの生活年齢を考慮し，将来の姿を見据えながら，段階的な積み上げができるような個別の指導計画を作成していきます。

図 1-6　段階的な指導の例

「できそうなこと」に着目した指導を行う

　子ども一人一人の学習状況を把握する際には，単に「できる」「できない」だけで子どもをみるのではなく，「できそうなこと」に目を向けることも大切な視点です。

　次に，「できそうなこと」が「できる」ようになるために，どのようなプロセスをたどるのかを考えた上で指導の計画を立てていくことが重要です。

　また，子どもの「好きなこと・もの」「苦手なこと・もの」を保護者と連携しながら把握し，それらを踏まえた上で指導していくことも大切になります。

「今」の活動を「次」の活動に繋ぐことを意識する

　身につけたスキルは，特定の場面だけでの活用ではなく，様々な場面を通してできるようになることが主体的な生活に繋がります。そのため学校生活では知的障害のある子どものその先の生活を見据えて指導することが大切です。

　例えば紐結びができるようになったら，その子の生活がどのように豊かになるかをイメージしましょう。小学部段階ではエプロンや靴紐が結べることで生活の幅が広がります。中学部の段階では，例えば製品包装のリボン結び等「働く活動」に結びつけながら学習を展開することができます。

　1つのことができるようになることで，別の活動に繋がり，生活が豊かになっていきます。教師は，「今」の活動を「次に」どのように繋げていくか常に考えながら，子どもの連続した学びを構築していくことが求められます。

理解を深める

■家庭や関係機関との連携を図る

　知的障害の特徴の1つとして，できるようになったことの応用と般化が難しいことを紹介しました。そこで，家庭や地域との連携が重要です。学校でできるようになったことをどのように家庭や地域での生活に般化・応用することができるかについて，保護者や関係者と建設的な対話を行い，合意形成を図りながらビジョンをもって指導をしていきましょう。例えば，清掃作業等で身につけた作業スキルを家庭や地域の公民館の窓清掃に生かすことが考えられます。

15

教科書

Q 知的障害教育では，どんな教科書を使用するのがよいですか

まだ文字の読めない子が，教科書を使った
学習に興味をもってくれるか不安です。

支援学級2年目

知的障害のある子に対する特別支援学校用の
教科書もあるよ。実態に合わせて絵本等も使えるよ。

そうなんですね。
どうやって選べばいいんでしょう?

基本的な理解

👍 特別支援学校及び支援学級で使用する教科書

　教科書は，法律により使用義務が課せられている唯一の教材です。特別支援学校及び支援学級で使用する「教科書」には，小・中学校等で使用している教科書（検定教科書）の他，通称星本（ほしぼん）と呼ばれている知的障害者用の教科書（文部科学省著作教科書）があります。

👍 特別な規定の正しい理解

　特別支援学校や支援学級では，学校教育法の附則第9条の規定による「教科書」以外の一般図書を教科用図書として使用することもできます。ただし，検定教科書・文部科学省著作教科書（星本）を使用しなければならないという規定が先にあり，学校教育法附則第9条の規定による一般図書を使用することは，あくまで特例であるということを押さえる必要があります。

　子どもに合った教科書を選ぶには，子どもが理解していること，経験してきたこと，学習上の特性等を的確に捉えることが重要です。一般図書の選定にあたっての観点としては，内容，組織・配列，表現，造本の4つが挙げられています。

子どもの実態に合った教科書を選ぶ

　まずは，当該学年の検定教科書を用いた学習が可能かどうか考えましょう。学習指導要領に示された各教科の各学年の目標及び内容と，指導する子どもの実態を照らし合わせて検討します。当該学年の目標及び内容の学習が難しい場合は，下学年の目標及び内容とも照らし合わせます。目標及び内容と子どもの実態が合った学年の検定教科書を使用しましょう。

　小学校第1学年の内容が難しい場合は，特別支援学校学習指導要領に示された各教科の各段階の目標及び内容と子どもの実態を照らし合わせます。実態に合う場合は，星本の使用を検討しましょう。星本は，文字を読むのが難しい子どもも学習できるよう工夫されています。

　星本での学習が子どもの実態に合わない場合には，学校教育法附則第9条の規定する一般図書（絵本等）を教科書として使用することができます。子どもの興味関心等に合ったものを選ぶようにしましょう。

理解を深める

■学習上の特性に応じた工夫

　知的障害のある子どもの学習上の特性から，抽象的な内容の指導よりも，実際的な生活場面の中で，具体的に思考や判断，表現できるように指導するほうが効果的であるといわれています。そのため，教科書を使った学習でも，教科書を読んだりプリントに書いたりする活動だけでなく，子どもの体験等と結びつける工夫を考えましょう。例えば，調理に関する題材に取り組むときは，子どもが調理学習に取り組んだときの写真や動画を提示したり，実際に調理の動作をしたりする等です。

　また，物語の題材を扱う場合には，配役を決めて寸劇やペープサート（紙の人形劇）で演じてみる等，言葉と合わせて体験できる学習を設定することで，子どもの学習への興味を高めたり，主体性を引き出したりすることも考えられます。教科書に書かれている内容だけにとらわれるのではなく，「何を学ぶか」という本質に目を向け，子どもが「分かった」「伝わった」という思いを味わえるように学習活動を工夫しましょう。

16 知的障害教育における専門性

Q 知的障害教育で求められる専門性ってどんなことでしょうか

新採用の後輩教師と授業をする際,「知的障害教育の専門性とはどんなことですか」と聞かれてすぐに答えられなかった。

分かっているつもりだったのに,いざ聞かれると説明に困ってしまう。

特別支援学校 3 年目

基本的な理解

👍 基礎免許状（小・中・高）＋特別支援学校教諭免許状の意味

　知的障害のある子どもを指導する教師には,基本的な学習指導,学級経営,生徒指導等,教師としての資質・能力を保つことを基本として,さらに障害特性や教育的ニーズを適切に把握する力が求められます。その上で,学校内外の専門家等とも連携しながら一人一人の子どもが社会参加するために必要な知識・技能や態度を身につけられるように指導内容や方法を工夫し実践していく力が求められています。

👍 知的障害教育の教育課程

　知的障害のある子どもに教育を行う際,小・中学校の各教科の目標や内容をそのまま行うことは,子どもの発達段階等から適切ではない場合があります。その場合,「特別の教育課程」を編成して教育を行うことができます。教育課程を編成・実施する上では,「教科別に指導を行う場合」,「道徳科,外国語活動,特別活動,自立活動の時間を設けて指導を行う場合」,「各教科等を合わせて指導を行う場合」等指導の形態があり,各校において様々な工夫のもと教育活動が展開されています。

一人一人の違いを理解して指導を行う

　子どもの発達の段階は一人一人違います。学び方や学ぶスピードもそれぞれ違うことを理解しておくことが大切です。また，同じ子でもタイミングや学習内容によって，学んだことがすぐできるようになることもあれば，何日も何ヵ月もかかることもあります。これらのことを念頭において，指導を行うことが大切です。

　指導の進め方としては，各教科等を合わせて指導を行う中で教科別で学んだ内容について深めていく場合や，その逆の場合も考えられます。各教科等を合わせて指導を行う場合，教科別の指導の内容についてもしっかりと押さえながら，学習集団，教材・教具の活用等「どのように」学ぶことが子どもにとってよいのかについて指導の計画を立てて実施することが重要です。

発達と学習の関係性を意識した授業づくりを行う

　知的障害教育における授業づくりでは，「成長しそうな部分」を把握する等，一人一人の発達と学習の関係を見極め，以下の5点を踏まえることが大切です。

① 「なぜ，この学習が必要なのか」を確認する。
② 「それによって，何ができるようになるか」について想定する。
③ 「そのためにどんな支援が必要か」を考えて，学習の環境を整える。
④ 「どんな状況で，何がどこまでできるようになったのか」を評価する。
⑤ 「次はどのような学習活動を展開していくのか」を再考する。

理解を深める

■学習評価をしっかり行い，学習状況を説明できるようにする

　知的障害のある子どもは，1回の授業だけで目に見えた学習効果を示すことが少ないといわれます。そのため，毎回の授業で子どものよさや可能性，学習の進捗状況を評価していくことが大切です。どのような場面・状況のもと，何ができるようになったかや，どのような学習内容・方法でどのような力が身についたかについて，本人や保護者，関係する人たちにしっかり根拠を示しながら説明できることが重要です。

17

応用行動分析 （ABA）

Q 子どものよい行動を増やす関わり方を教えてください

学級の子どもたちが悪いことばかりして，つい叱っちゃう。先輩は全く叱らないのに，なぜか子どもたちはいい子にしている。

私ももっと楽しく子どもたちと関わりたい。先輩に応用行動分析をおすすめされたけど，どんな方法なんだろう？

支援学級 2 年目

基本的な理解

👍 応用行動分析とは

　行動の前後を分析してその行動の目的を探り，前後の環境を操作することで「望ましくない行動」に置き換わる「望ましい行動」を増やそうとする方法です。

👍 行動の原理

　行動を直前の出来事（きっかけ），行動，直後の出来事（結果）の3つの枠に当てはめて考えます。行動の直後によいことが起こるとその行動は増える可能性が高まり，悪いことが起こると減る可能性が高まります。

きっかけ
例：見通しのもてる
スケジュールの提示

行動
例：子どもが課題に
取り組む

結果
例：ほめられる

図1-7　行動の原理

👍 強化

　行動を増やすよい結果のことを強化子といい，行動に強化子を提示することを強化といいます。適切な行動を強化することで，不適切な行動は少なくなります。その子にとっての強化子を見つけることが大切です。ほめ方，好きな言葉，花丸，シール等効果的なものを見つけていきましょう。

心ではなく行動を見る

　子どもの1つ1つの行動を見ているはずが，その子の内面を「よい／悪い」と評価していることがあります。応用行動分析では内面を想像するのでなく，個々の具体的な行動に目を向け，その行動がなぜ起こり，続くのか，目的を探ります。そして望ましい行動を増やす関わり方を考えます。

望ましい行動をほめて強化する

　行動の後よいことが起こると，その行動は繰り返されます。例えば挨拶した子に笑顔で「素敵な挨拶だね」とほめることが翌日の元気な挨拶に繋がります。具体的な行動に対してよい結果が伴う環境をつくることでよい行動が増えます。

先行条件（きっかけ）を整える

　きっかけを変えることも望ましい行動を増やすことに繋がります。例えば，長時間の活動に取り組むと途中で集中力が切れ，教室を飛び出してしまう子に，スケジュールの明確な活動に取り組んでもらうこと等です。先行条件を整えた結果，望ましい行動が見られたら，ほめて強化しましょう。

理解を深める

■弱化と消去

　行動の直後に嫌な結果が伴うとその行動は少なくなります（例：叱ることで授業中の私語が減る）。この手続きは弱化といわれます。弱化は慣れやすく効果が限定的であること，また嫌悪的な手続きであることから副作用が大きいことが知られています。行動直後に何の変化も起こらないとその行動は徐々に減ります。この手続きを消去といいます。消去手続きをとると一時的にその行動の頻度や強度が上がりますが，望ましくない行動への対応の一手といえます。

■すべての行動に意味がある

　私たちにとって都合の悪い行動であっても，その子にとっての大切な理由（目的）があります。行動の原理を用いて分析し，強化や弱化，消去を組み合わせて関わることで，根拠に基づいた支援ができるようになります。

18

TEACCH プログラム

Q 自閉スペクトラム症支援のプログラムがあると聞きました

> グループホームの見学をしたら，
> 私の教室と雰囲気が違った。
> 絵カードで予定が細かく示されていたり，
> 活動場所が衝立で仕切られていたり。

> TEACCH プログラムを参考にして
> いるらしい。どんな方法なんだろう？

特別支援学校 3 年目

基本的な理解

👍 TEACCH プログラムとは

　TEACCH プログラムとは，エリック・ショプラー博士らによってノースカロライナ大学で始められた，自閉症当事者や家族のための一生涯に渡る包括的な支援システムのことを指しています。自閉症の支援には，1 つの方法やプログラムでは対応できず，総合的なプログラムが必要と考えられています。

👍 理解と敬意

　自閉症者を非自閉症者と違う文化をもつ人として理解し，敬意を払い尊重することが TEACCH プログラムの重要な考え方です。

👍 一生涯に渡る支援

　ライフサイクルのどの段階においても，自閉症者たちに「彼らを取り巻く環境の意味を伝え，意味のあるコミュニケーションをしながら共存世界を目指す」ということが TEACCH プログラムでは強調されます。学校教育の場面でも，本人が理解して，自ら活動できるような支援が必要であるため，意味のある（互いに伝わる）コミュニケーションを基盤として支援していくことが大切です。

構造化を活用する

　TEACCH プログラムに基づいた実践として「構造化」があります。構造化とは，分かりにくい曖昧な事柄を，分かりやすく整理して示す方法で，物理的構造化・時間的構造化・活動的構造化等が TEACCH プログラムで重視されています。

　物理的構造化には，活動場所を衝立で区切ることの他，トイレの男女の表示やゴミの分別のためのシンボルの表示等も含まれます。時間的構造化は，1日の活動を絵カードで示すこと等が一例として挙げられます。活動的構造化は手順書等を用いて，視覚的に活動を示すことがその一例です。様々な構造化が，一人一人の自立度を高めます。

視覚的なスケジュールとワークシステムを活用する

　自閉症をもつ人の多くは視覚的に考える傾向が強く，スケジュールを示す際，視覚情報（手帳や絵カード等）を用いることが有効です。また，スケジュールで活動場所や内容を示し，移動した先に，そこで何をどのように，どれくらいやればよいかを視覚的に示したワークシステムという方法があります。スケジュールとワークシステムを組み合わせることで，重い障害のある子どもも，長時間自立した活動ができることがあります。

■子どもが自分に尊厳を持てるような支援を心がける

　ショプラーと共に TEACCH プログラムをつくり上げたゲーリー・メジボフが「子どもは自分でできることによってのみ自分自身に自信を持ち，自分に尊厳を持つことができるようになる」と示しています。構造化することにより，自閉症のある子どもたちは，いろいろなことを一人で成し遂げ，成功体験を積み重ねることができます。自閉症の理解を深め，可能な限りの自立をサポートし，共に生きる社会の実現を追求していきます。

19

障害のある子どもの職業教育と就労

Ｑ 卒業後の進路を見据えた指導について，教えてください

卒業後の就労現場について，
分かっているようで
分かっていない……。

将来の就労を見通した職業教育って，
どんなところに配慮すればいいの?

特別支援学校
高等部 1 年目

基本的な理解

👍 関係機関との継続した連携

　子どもの就労支援では，在学中から，家庭，福祉，労働，医療等の様々な関係機関と日常的に連携を図り，個別の教育支援計画等を活用しながら情報共有を図ることが不可欠です。

👍 一人一人が生き生きと活躍できる就労支援

　一般的に特別支援学校高等部を卒業した後の進路先として，一般企業へ就職する一般就労や，就労に必要な知識・技能の向上のために必要な訓練を受けながら働く福祉的就労（就労移行支援（2 年間），就労継続支援 A 型や就労継続支援 B 型），そして生活の質の向上を図る生活介護事業所等があります（第 4 章 3 の 5・6 も参照）。

　教師が進路先の知識をしっかりもち，本人，保護者と卒業後の生活について十分に話し合いながら進路指導を行っていくことが重要です。

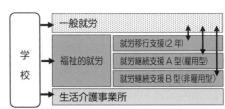

図 1-8　進路先の例

小学部段階から勤労観・職業観を育てる指導の充実を目指す

小学部段階から将来の働く生活を想定した学習活動（例：プリント運びやテーブルふき等のお手伝い）を展開することや社会生活への関心を広げることが大切です。将来の生活は「今」の積み重ねで成り立っています。子どもが「おもしろい，もっとやりたい」と関心をもった事柄を足がかりに，日々の学習の充実を図ることが将来の生活に繋がります。

「働く」経験を積み重ねる職業教育を行う

卒業後の自立と社会参加は学校教育の大きな目標です。挨拶や返事，報告のスキルを身につけられるよう学校生活全体で指導します。また産業現場実習等の働く経験を通して「なぜそのスキルが大切か」を子どもが自ら考えられるよう，実習先や保護者と協同し環境を整えます。「できる経験」を積み重ねながら，社会で働くことへの自信に繋がる支援を行いましょう。

社会との繋がりを考えた学習活動の展開を組み立てる

学校卒業後の人生は長いです。生涯，私たちは社会生活の中で学んでいます。つまり卒業は学校教育のゴールであると同時に社会生活のスタートでもあります。卒業後も「働く意味」や「労働（職場や生活における）の役割」を理解し，自分らしく社会と主体的に関わっていくことが大切です。そのためには，在学中から社会との接点を考えた学習活動を展開していくことが重要です。例えば地域の作業所から仕事を請け負う等の現実に近い作業学習や，通勤に必要なバスの利用，報酬を使った計画的な買い物や貯金の仕方の学習活動等です。

理解を深める

■自分の「よさ」や課題に気づくことができる指導の工夫

知的障害のある子は，成功経験の少なさから自己評価が低かったり，様々なことへの苦手意識から行動が消極的になったりすることがあります。そのため，子どもが達成感をもてる指導の工夫が大切です。また，自分の「よさ」や課題に気づき，進路を主体的に考えることができる場面設定をすることも重要です。

引用文献

●桂聖（2011）．授業のユニバーサルデザイン―全員が楽しく「わかる・できる」国語授業づくり　東洋館出版社．

●独立行政法人国立特殊教育総合研究所（2006）．「個別の教育支援計画」の策定に関する実際的研究．17 頁

●名古屋恒彦（2010）．特別支援教育「領域・教科を合わせた指導」の ABC―どの子どもにもやりがいと手応えのある本物の生活を　東洋館出版社．

●文部科学省（2007）．特別支援教育の推進について（通知）．9 文科初第 125 号．
https://www.mext.go.jp/b_menu/shingi/chukyo/chukyo3/044/attach/1300904.htm

●文部科学省（2012a）．通常の学級に在籍する発達障害の可能性のある特別な教育的支援を必要とする児童生徒に関する調査結果について．
https://www.mext.go.jp/a_menu/shotou/tokubetu/material/1328729.htm

●文部科学省（2012b）．特別支援教育の在り方に関する特別委員会報告 1．資料 1．
https://www.mext.go.jp/b_menu/shingi/chukyo/chukyo3/siryo/attach/1325881.htm

参考文献

●太田正己（2012）．自閉症教育と知的障害教育―授業とカリキュラム開発の歴史と展望　東洋館出版社．

●ゲーリー・メジボフ，エリック・ショプラー，ビクトリア・シェア編著，服巻智子・服巻繁訳（2007）．TEACCH とは何か―自閉症スペクトラム障害の人へのトータル・アプローチ　エンパワメント研究所．

●小野次朗・上野一彦・藤田継道（2007）．よくわかる発達障害　ミネルヴァ書房．

●杉山尚子（2005）．行動分析学入門―ヒトの行動の思いがけない理由　集英社新書．

●徳島県立総合教育センター（2011）．個別の教育支援計画を作成するために―「家庭や関係機関と連携した支援のためのツール」．

●名古屋恒彦（2012）．我が国知的障害教育課程の変遷．全日本特別支援教育研究連盟編，特別支援教育研究，659．東洋館出版社．

●名古屋恒彦（2018）．アップデート！　各教科等を合わせた指導―豊かな生活が切り拓く新しい知的障害教育の授業づくり　東洋館出版社．

●北海道教育大学附属特別支援学校（2015）．研究紀要 29 号．

●北海道教育委員会（2007）．幼稚園，小学校，中学校，高等学校における個別の教育支援計画の策定と活用．
http://www.tokucen.hokkaido-c.ed.jp/?action=cabinet_action_main_download&block_id=209&room_id=1&cabinet_id=4&file_id=598&upload_id=1271

●本田秀夫（2019）．子どもの自閉スペクトラム症 ABC ～特性を知って付き合っていこう～　大塚製薬株式会社
https://www.smilenavigator.jp/asd/download/pdf/ABC_20190419b.pdf

●山口県教育委員会（2009）．特別支援教育における「個別の指導計画」作成のために―「個別の指導計画 Q&A」．
https://www.pref.yamaguchi.lg.jp/cmsdata/f/9/e/f9e4a7da6fc7a641089c1b469ed5c905.pdf

第2章

通常学級における特別支援教育

通常学級での指導で「一斉指導と個別指導のバランス」について悩むことがあるのではないでしょうか。

ポイントは、配慮を要する子どもだけでなく、学級全員が分かる指導の工夫（授業のユニバーサルデザイン化）です。

本章では子どもがつまずきやすい場面を挙げ、「一斉指導でできる配慮」から「個に特化した配慮」までの具体を紹介します。

個別配慮についてさらに知りたい方は、続く第3章もご参照ください。

通常学級　支援学級　通級指導教室　特別支援学校

読むことが苦手な子

Q スムーズに音読できず，周りの子が冷やかします

タクヤさん，どうすれば
すらすら読めるようになるかな？

周りの子が笑ってしまう
のも何とかしなきゃ。

アプローチのポイント

👍 読むことのどこでつまずいているか，背景を探る

● 文字を1つ1つ拾って読む（逐次読み）┐ 見た文字を音声に
● いい加減に読む（勝手読み）　　　　　┘ 変換する過程の問題？

● 行を飛ばして読む → 眼球運動の問題？

● 読んでも内容が理解できていない → 言語理解の問題？

❌ これはNG！

● 「（みんなの前で）ひっかかりすぎです！家でちゃんと音読練習してきたの？」

　→ 練習不足のせいでなく，上記のような背景要因が関係してうまく読めない
　　 可能性が高いため，叱る指導は避けなければなりません。背景要因を探っ
　　 て対応を考えつつ，「ゆっくりでいいからがんばろう」等と励ますと冷や
　　 かしたり笑ったりする子も減り，安心して音読できる環境が整います。

アプローチの実際

STEP 1 追い読みやふりがなの書き込みで，抵抗感を軽減する

> （例）先生が読んだ後についてきて読んでね。

　音読指導でよく行われる「丸読み（一文読み）」は，一人で読むため緊張感が高まります。読むことが苦手な子には，教師が文節で区切って読んで聞かせ，その後に読ませる「追い読み」が効果的です。また，文節の区切りに斜線を引いたり，漢字のふりがなを行間に書き込ませたりすると読みやすくなります。さらに文意をつかませるため，国語辞典による意味調べの時間を活用して言葉の意味も理解できるようサポートしましょう。

STEP 2 文字を目で追いやすくする方法で，読みづらさを軽減する

> （例）指でなぞったり，「音読お助けシート」を使ったりして読んでみよう。

　指でなぞったり定規をあてたりすると，読む場所を確認しやすくなります。また読む部分だけが見える「音読お助けシート」のような自助具（スリット等，図 2-1 参照）を活用すると余計な刺激が遮断され，読みやすくなります。

図 2-1　スリット

STEP 3 声かけで，応援し合える学級づくりを行う

> （例）（みんなに向かって）○さん，すらすら読めるようになってきたよね。

　がんばりを認める声かけにより「友達を応援しよう」という学級の雰囲気づくりに繋げます。読むことが苦手な子だけでなく，他の苦手なことに挑戦している子にも声かけをしましょう。この声かけは苦手を抱える子本人の自信にもなり，「もっとがんばろう」と意欲を高められます。

+α 必要に応じて取り組みたい
ICT 機器の活用で，読むことの負担を軽減する

　教科書と同様のテキストや画像を使ったマルチメディアデイジー教科書で，テキストに音声をシンクロさせて読めます。保護者に紹介すると家庭でも取り組めます（DL 申請は https://www.dinf.ne.jp/doc/daisy/index.html）。

2

文字を書くことが苦手な子

❓習った文字をすぐ忘れて，正しく書けません

字形が乱れるのは，練習が
足りないせいなのかな？

鏡文字が
なおらない……。

アプローチのポイント

👆書くことのどこでつまずいているか，背景を探る

●鏡文字になる ➡ 空間認知の問題？

●字形が乱れる ➡ 目と手の協応の問題？

●習った文字をすぐ忘れる
●正しい書き順を覚えられない ⎫ 記憶の問題？

❌これはNG！

● 「書き順が違うので書き直し！」「字が雑なので追加で5回練習！」

➡ 筆順や字形を整えて書くことは大事ですが，文字を書くことが苦手な子に
は負担が大きいことがあります。その子の実態をしっかり捉え，厳しく指
導するのではなく，苦手に寄り添った支援を検討しましょう。

アプローチの実際

STEP 1 3つの視点から，書くことの負担を軽減する

> (例)・(マス目の大きなワークシートを見せて) これ，使ってみる?
> ・みんなは5回練習だけど，何回練習する?　※自己決定させる

①ノートやワークシートのマス目の大きさに配慮する

十字リーダー入りや，図2-2のような灰色の線→点線→始点や終点
等のスモールステップの手がかりがあると練習しやすくなります。

②練習の回数を本人と相談して決める

本人が「がんばれそう」と思える目標で，取り組みやすくします。

③未習得な既習の文字の練習をサポートする

既習の漢字等が未習得の場合，本人や保護者と相談して家庭学習等
で練習すると音読や読書で困る場面が減ります(家庭学習で個に応じ
た課題を出す場合，他の課題を減らす等，個別の配慮を行います)。

図 2-2　書字獲得のための
スモールステップの手がかり

STEP 2 覚え方のこつを教える

> (例)「つ」は釣り針の形，「山」は山の形，「男」は「田んぼで力を出す人」，
> 「女」は「く・ノ・一」の合体だね。

文字(平仮名，片仮名，漢字，アルファベット)
を視覚的なイメージに変換させたり部分を言語化さ
せたりして，文字と音と意味を繋げると覚えやすくな
ります。学級全体に，「この字，何の形に似ている?」
「どんな覚え方だと，覚えられそう?」等と聞くと，
よいアイデアが出て，楽しく覚えられます。

+α 必要に応じて取り組みたい

教材・トレーニングの活用で，視覚認知能力や見る力を高める

視覚認知能力を高める教材「コグトレ」(「点つなぎ」「記号探し」等)や，
見る力を高める「ビジョントレーニング」を取り入れると効果的です。

※参考文献の宮口(2015)，北出(2015)参照

通常学級　支援学級　通級指導教室　特別支援学校

作文が苦手な子

❓ 何をどう書けばよいのか分からないようです

課題：楽しかった思い出を作文に書きましょう

何があったか，忘れちゃった。

何から書けばいいかも分からないし。

面倒だから，作文なんて書きたくないよ。

アプローチのポイント

👍 作文のどこでつまずいているか，背景を探る

● 題材（テーマ）を決めることができない ⎫ 頭の中で情報を
● 何から書けばいいのか分からない ⎭ 整理することができない？

● 内容をふくらませることができない → 言語化の問題？

● 出来事を思い出すことができない → 記憶の問題？

● 意欲が低い → 目的を見いだせない？

✖ これはNG！

● 「全部書き直してみて」「続きは，休み時間や家で書いて！」

　→ やみくもに書かせても「苦手」という気持ちを強めるだけで上手に書ける
　　 ようにはなりません。題材選びや書き方等，支援法を検討しましょう。

アプローチの実際

STEP 1 出来事を思い出す手がかりを与える

〈(例) 遠足の写真を見てみよう。どんなことがあったかな？

　「楽しかった思い出」等，自由度の高い題材で何を書いたらよいか分からなくなることがあります。学級全体に画像や動画を見せたり「どんなことがあった？」と聞いて板書したりして具体的に思い出させると書くことを決めやすいです。

STEP 2 「作文メモ」等を活用して書き方の型を教える

〈(例)「はじめ」の段落では，書く内容の大まかなことを紹介します。

　付箋や表 2-1 のような作文メモに整理すると構成を考えやすくなります。段落ごとに何を書くとよいか明示するのが有効です（例えば「なか」には様子や気持ち，会話を書く等）。例文から書くことを選んでもらうのもよいです。

表 2-1　作文メモ

おわり	なか	はじめ	だんらく
・また、かぞくといっしょにいきたい	・ゾウのはながとてものすごくながくて・びっくりした	・えんそくにいって、どうぶつえんでゾウを見た	かきたいこと

　どうしても書けない場合，子どもに出来事を話してもらい，教師が聞き書きします。話し言葉を文章にする橋渡しを教師が手伝う過程で，書き方が分かってきます。

STEP 3 こまめに励まし，ほめることで意欲を引き出す

〈(例)「びっくりしました。」で，驚いた気持ちを表現できたね。

　文章の大幅な書き直しは負担が大きいので，こまめな机間指導でチェックし，励まします。その際，「様子や気持ちがよく分かる」「会話文を使えたね」等，具体的にほめて意欲を喚起します。

+α 必要に応じて取り組みたい
ICT 機器の活用で書くことの負担を軽減する

　パソコンで作文を書くと，書いたり消したりの負担が減ります。教師が質問して話を聞いてパソコンで作成し，子どもに清書させる方法もあります。

4

通常学級　　支援学級　　通級指導教室　特別支援学校

話すことが苦手な子

❓思いをうまく伝えられるようサポートしたいです

全然しゃべらないから，何を考えて
いるのか，分からなくて……。

長々と話すものだから，「結局，何を
言いたいのか」が，つかめない……。

普段はいっぱい話すのに，授業で指名
すると黙っちゃう。どうしてだろう?

アプローチのポイント

👍 話すことのどこでつまずいているか，背景を探る

● 周りの目が気になる ➡ 不安・緊張等心理的な問題?

● 言葉が浮かばない ➡ 語彙が少ない?

● 何を言いたいのか分からない ➡ 頭の中で情報を整理することができない?

❌ これはNG！

● 「何でもいいから話してごらん」「もっと分かりやすく話してごらん」

　➡ それができないから話せないので，話題の例や話し方を具体的に教えます。

● 「何か言わないとみんな困るよ」

　➡ ますます話せなくなってしまいます。追い詰めるような声かけは絶対に避
　　けましょう。

アプローチの実際

STEP 1 安心して話せる雰囲気づくりを行う

教室に右のような紙を掲示する等，普段から学級全体
に聞き方を指導します。教師が大げさに「うんうん，な
るほど」と相づちを打ち，よいモデルを示します。また，
話すことを強要せず，表情やジェスチャーといった非言

聞き方名人
「あ・い・う・え・お」
あいてを見て
いろいろ考えて
うなずきながら
えがおで
おわりまで聞く

語のやりとりを楽しみながら気持ちが繋がっている心地よさを味わわせる「非
言語のコミュニケーション」も，安心できる雰囲気づくりに繋がります。

STEP 2 話し方のスキルを高める指導を行う

・語彙を増やすサポート

しりとりやなぞなぞ，連想ゲーム（例：マジカルバナナ）等が効果的です。
学級レクや係活動（例：なぞなぞ係）で行う方法もあります。

・話型の提示（いつ，だれが，どこで，何をして，どう思った）

話型を提示し，メモづくりや発表リハーサルをすると話しやすくなります。

STEP 3 がんばりや思いを認めて自信をつける

「分かりやすく・はきはきと」でなくても，気持ちや考えを話せたら「○さん
はこう考えたんだね。教えてくれてありがとう」としっかり受け止めましょう。
学級全体に「○さんの意見はこうで，□さんの意見はこう。どちらも目の付け
所がいいね！」等と投げかけると安心して話せる雰囲気になり，本人の自信に
も繋がります。また興味のある事柄について教えてもらい，
「おもしろかった」「また教えて」と感想を言うことで伝える
楽しさを味わわせ，伝えることへの意欲を喚起させます。

+α 必要に応じて取り組みたい
文字や絵でのやりとりで，コミュニケーションをとる

「書くのは得意」という子には筆談や交換日記が有効です。「はい・いいえ」
や選択肢，返答の手本を示すと子どもが返事を書きやすくなります。よい表
現や返答には「すごい」「分かりやすい」等肯定的にコメントしましょう。

聞くことが苦手な子

❓ 聞くことに集中させるにはどうすればよいですか

ジュンさん, ぼーーっとした様子で,
話している人を
見ていないことが多いな……。

ケンさんは, 指示の後,
行動が一歩遅れちゃう。
どうしたらいいの?

アプローチのポイント

👍 聞くことのどこでつまずいているか, 背景を探る

● ぼーっとしていて聞いていない ➡ 注意の持続の問題?

● 周りの音や声にいちいち反応する ➡ 衝動性や音を選択して聞く力の問題?

● 指示や説明の意味を分かっていない ➡ 言語理解の問題?

● すぐ忘れてしまう ➡ 短期記憶の問題?

❌ これはNG!

● (話を聞いても理解や記憶できない子に対して)「しっかり聞きなさい!」

➡「よく聞こうと思っているのに……」「自分はだめなんだ」と自信をなくし
たり反抗したりするようになります。うまく聞くことができるような具体
的な手立てを検討しましょう。

ア プ ロ ー チ の 実 際

STEP 1 話をする前に注目を集める工夫をする

　手を軽く叩いたり黒板をトントンと鳴らしたりして注意をひきつけます。また手に持っているものを置かせる等，刺激を減らし，聞くことに集中させます。全体が静かに聞く準備ができたことを確認してから話しましょう。

STEP 2 視覚化し，聞くことの苦手を補う

　口頭での説明だけでなく，活動のポイントや流れを板書しておくといつでも見て確認できます。また板書に書きながら話すとき，大事な箇所に色チョークでラインを引いたり，指示棒で指したりして視覚化します。

STEP 3 常に分かりやすい話し方を心がける

> （例）大事なポイントを3つお話します。1つ目は……，2つ目は……

　最初にいくつ話すか伝えると，話のゴールやまとまりがつかめて聞き取りやすくなります。途中で質問を受けると全体像が見えにくくなるので，子どもの様子を見ながら一通り説明し，質問の時間は最後にとりましょう。話すときは言葉を短く区切り，ゆっくり，箇条書きのように要点を伝えます。大事な言葉は繰り返したり，曖昧な言葉でなく具体的な数やキーワードで伝えたりすると記憶に残りやすいです。教師の説明の後，理解している子に説明してもらう方法もあります。（説明する子も説明を聞く子も，復唱することで理解が深まることや，話す人が教師から子どもに変わることで集中力が高まる等の効果が期待できます）。

+α こんなアプローチ法も!
聞き方のこつを教える

　「心の中で話を整理する」，「話の節目ごとに指を折る」等，聞き方のこつを教えると頭の中で整理しやすくなります。

問いかけて注意を持続させる

　「1つ目にお話したことは？」「なぜだと思いますか？」「ここで問題です！」等と問いかけると，思考が促されて注意を持続させることができます。

6

通常学級 支援学級 通級指導教室 特別支援学校

計算が苦手な子

Q どうすれば筆算のミスを減らせるでしょうか

小３の筆算の指導場面

足し算で，繰り上がりの
ミスが多いなあ。

九九が覚えられなくて，
わり算につまずいているようだ。

筆算の位が揃って
いないな……。

アプローチのポイント

👍 計算のどこでつまずいているか，背景を探る

・いつも指を使っている，商の見当がつかない ➡ 数概念が弱い？

・筆算の桁が縦で揃わない ➡ 空間認知が弱い，目と手の協応の問題？

・暗算が苦手，九九の覚えがよくない ➡ 聴覚的な問題？

・筆算の手順が覚えられない，繰り上がりを忘れる ➡ 継次処理能力が弱い？

✖ これはNG！

・その子の既習事項の習得状況を確認していない

　➡ 算数は積み上げの教科なので実態把握が大切です。未習得のまま授業が進
　　むと学習意欲や学力の低下に繋がりやすく，注意が必要です。本人や保護
　　者と相談し，実態に応じた課題を出す等，支援法を検討しましょう。

アプローチの実際

【例】小3「2桁×2桁のかけ算の筆算」

STEP 1 筆算の桁が揃うよう，マス目のプリントを用意する

筆算の位がずれることによる単純なミスを防ぎます。筆算の横線も初めに引いておくと，見通しをもって解くことができるでしょう。

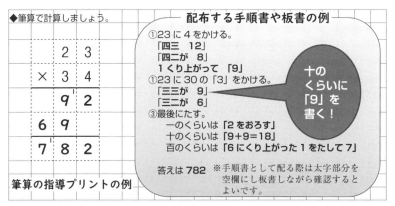

◆筆算で計算しましょう。

```
      2 3
  ×   3 4
      9 2
    6 9
  7 8 2
```

筆算の指導プリントの例

配布する手順書や板書の例

①23 に 4 をかける。
　「四三　12」
　「四二が　8」
　1 くり上がって「9」
①23 に 30 の「3」をかける。
　「三三が　9」
　「三二が　6」
③最後にたす。
　一のくらいは「2 をおろす」
　十のくらいは「9+9=18」
　百のくらいは「6 にくり上がった 1 をたして 7」

答えは **782**　※手順書として配る際は太字部分を
空欄にし板書しながら確認するとよいです。

十のくらいに「9」を書く！

STEP 2 筆算の手順を覚えられるよう，計算の手順を示す

手順をもとに声に出しながら筆算の解き方を確認します。手順表を子どもたちに配るだけではなく，拡大したものを黒板や教室の壁等に掲示しておくと，学級のみんながいつでも確認して解くことができます。

STEP 3 苦手を補う個別支援で「できた!」の喜びを味わわせる

一斉指導だけでは理解が難しい場合，個別に下記のような支援を行います。

・**九九を覚えていない場合**

ねらいは「筆算の手順を覚える」なので，九九表を見てよいこととします。

・**繰り上がりのミスが多い場合**

教師が共に手順を声に出しながら一緒に解きます。それでもミスが多い場合，蛍光ペンを使って書く位置を示す等，一緒に解いて「できた!」経験を増やし，自信に繋げましょう。

算数の文章題が苦手な子

Q 問題文の意味が理解できず，式が立てられません

ダイキさん，計算はできるのに，文章題の間違いが多いなあ……。

ワタルさんは，答えの数が分かっても，＋と−の選択が難しいみたい。

アプローチのポイント

👍 文章題のどこでつまずいているか，背景を探る

　子どもの様子から原因を見取ることは難しいですが，熊谷・山本（2018）が提唱する文章題解決のための4過程が参考になります。特に②と③でつまずきやすいです。

①変換：与えられた文章題を読むこと

②統合：読み終えた文章内容を理解すること

➡ 文章で表現された言語の世界をイメージの世界に置き換えられない？

③プランニング：理解した内容に沿って式を立てること

➡ 適切な演算子（＋，−，×，÷）への置き換えがうまくいかない？

④実行：立てた式を解くこと

【問題例】小1「3つのかずのけいさん（3口の数の加法と減法）」
バスにねこが5ひきのっています。
2ひきおりました。
4ひきのると，ねこはなんびきになりましたか。

STEP 1 視覚化と操作で文章内容の理解を促す

イメージしやすい絵や図等の視覚的な手がかりや具体物の操作での支援が，文章内容の理解に効果的です。一斉指導で，教師や子どもが黒板で具体物を操作することもエピソード記憶として定着に繋がります。

・文章を絵や図に置き換える

教師が黒板やモニターに絵や線分図等で示します。

・具体物や半具体物を操作する（図2-3参照）

教師や子どもが黒板で具体物を操作したり，子ども一人一人が机で具体物操作をしたりします。

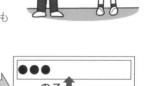

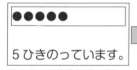
5ひきのっています。

おりる
2ひきおりました。

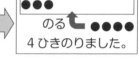
のる
4ひきのりました。

図2-3　具体物操作の例

STEP 2 言葉を手がかりにした演算子選択の方法を教える

文章内容の理解はできているのに，式が作れないというつまずきがあります。ここでは，問題場面全体の数量関係を捉えることと，問題中に出てくるどの数をどの演算子で立式するとよいかを判断する力が求められます。演算子選択の判断の手がかりとして，言葉と演算子の組み合わせをパターン化する方法があります（ただし，組み合わせのパターンが適用できない問題もあります）。

おりる→ねこがへる→ **ひきざん（−）**　　のる→ねこがふえる→ **たしざん（＋）**

演算子の選択に焦点化した以下の支援方法も有効です。

○の　なかに　あう　きごうを　かきましょう。
しき　5　○　2　○　4　＝　　　　　　　　こたえ（　　　　　）

図工が苦手な子

Q 図工に前向きに取り組めるよう，支援したいです

みんなに何て言われるか不安……。

また手が止まっているな……。

何をどう描いたらいいか分からない。

アプローチのポイント

👍 図工のどこでつまずいているか，背景を探る

● 描きたいものや作りたいもののイメージが湧かない → 想像力の問題？

● 手先が不器用 → 目と手の協応の問題？

● 「恥ずかしい」という気持ちが強い → 経験の問題（前に作品を笑われた）？

❌ これはNG！

● 「○さんのように上手に描きましょう」

→ 上手な子ばかりを取り上げてほめると苦手な子は意欲が低下します。

● 「こう描きなさい（作りなさい）って言ったでしょ！」

→ 教師の枠や型にはめようとすると自由な発想が生まれません。

STEP 1 制作前に色・形・大きさ等のイメージをもたせる

(例) 〜について絵を描くけれど，どんな絵を描きたい？

　制作前に，作品のイメージが湧く質問をすると，子どもが作業を始めやすくなります。完成した作品例（実物・写真）や制作中の動画等を見せることも，イメージをもたせるのに有効です。ただし作品例等はイメージの偏りに繋がることもあるので，学級の実態や題材の内容，指導のねらい等を考慮して取り入れましょう。

STEP 2 制作前や途中に対話を促し，イメージを広げさせる

(例) 友達と「こうしようと考えているんだ！」「ここで悩んでいるんだけど何かいいアイデアないかな？」等と話してイメージを広げましょう。

　なかなかイメージをもてず制作にとりかかれない場合は，ブレインストーミングのように自分の思いや考えを友達に伝えてイメージを広げさせます。

(例) 作っている途中だけれど，友達の作品を見て「ここがいいね」「ここはどうやって作ったの？」等と話し合いましょう。

　制作中に作品を見せ合うこともイメージを広げることに繋がります。また教師や友達から「ここがいいね！」等とほめられると意欲が高まります。

STEP 3 個性をほめ，表現する楽しさを味わわせる

(例) ○さんらしい作品でいいね！
　　 この部分は一緒に線を描いてみようか。

　思ったように描けなかったり道具を使えなかったりして活動が進まない場合，教師が補助しながら制作することも必要になります。

　一緒に制作する際や机間指導の際，その子らしさをほめて自信に繋げます。学級全体が「上手に作ろう」から「アイデアを出して楽しく作ろう」という考えに変わると楽しく表現できる授業になります。

運動が苦手な子

Q 運動の楽しさを実感できるよう，支援したいです

跳ぶのが
怖い……。

「できない」って
思われたくないのに。

ユウヤさん，今日も跳べてなかった。
恐怖心があるのかな？

アプローチのポイント

👍 運動のどこでつまずいているか，背景を探る

● 不安感や恐怖心等があって意欲が低い → 失敗やケガ等の経験がある？

● 目と体の協調運動や用具と協応させることが難しい → 協応力の問題？

● ボール等を目で追うこと（追従性眼球運動）や，物から物へ視線をジャンプ
させること（跳躍性眼球運動）が難しい → 眼球運動の問題？

● 顔に水がかかることを嫌がる → 感覚過敏の問題？

❌ これはNG！

●（何の手立ても講じず）「大丈夫，できるから勇気を出して！」

→ 根性論だけで指導すると，失敗したときに落ち込んだりケガをしたりしま
す。

アプローチの実際

STEP 1 安心して運動できる用具や環境で，抵抗感を軽減する

　用具（柔らかいボール・ソフトタイプの跳び箱等）や環境（多めにマットを敷く等）を整えると，恐怖心を軽減できます。水泳で顔に水がかかることが嫌な子には，まずじょうろで水をかけて慣れさせると安心して取り組めます。

STEP 2 スモールステップの練習で，少しずつこつをつかませる

（例）ユウヤさん，この練習から取り組んでみたらどうかな？

　跳び箱や水泳等，日常生活であまり経験しない運動では，目標とする運動に繋がる簡単な動き（類似した運動例：アナロゴン）から取り組ませます。そうすると動きをつかみやすくなり，成功体験を積むことで意欲向上に繋がります。

うさぎ跳び　　かえるの足打ち　　またぎ乗り　　タイヤ跳び

図2-4　跳び箱の開脚跳びの場合の例

　練習の場の設定では段階を工夫して，自己決定させて取り組ませます。そのとき，目印（矢印，手や足のマーク等）をつけて視覚的に分かりやすくすると，教師がいなくても目標を意識して自主的に練習することができます。

STEP 3 励ましや称賛，補助が生まれる場を整え，意欲を高める

（例）ペアの友達の運動を見て「ここができていたね！」とほめ合おう。

　ペアやグループ編成を工夫し，励まし合いや教え合いを促します。またできたらハイタッチや拍手で喜びの共有を促すと，共に運動する楽しさを実感できます。

+α 必要に応じて取り組みたい

ICT 機器の活用で，動きのイメージをつかみやすくする

　「教育技術 MOOK よくわかる DVD シリーズ（小学館）」等，動画の視聴も有効です。

勝手なことをする子

Q 何度注意しても，勝手な行動が改善しません

アプローチのポイント

👍 勝手な行動をとる背景を探る

● 手順やルールを覚えられない ➡ 記憶の問題？

● 手順やルールが理解できない ➡ 言語理解の問題，見通しをもつ困難さ？

● やることが分かっていてもつい別なことをしてしまう ➡ 衝動性の問題？

● 周囲の状況や相手の気持ちを推し量ることが苦手 ➡ 他者視点をもてない？

❌ これはNG！

● 「ちゃんとやりなさい！」

　➡ 本人はちゃんとしているつもりかもしれません。「ちゃんと」「しっかり」
　　という言葉は非常に曖昧で「何を」「どうする」が明確ではありません。

アプローチの実際

STEP 1 手順やルールをあらかじめ具体的に伝え，見通しをもたせる

（例）ほうきが終わったら雑巾がけをしましょう。

「きれいにしましょう」「遊ばないで」等大まかな指示だと，次に何をしたらよいか分かりません。望ましい行動を事前に具体的に伝えると，次の行動をイメージしやすくなり，見通しをもつことができます。

STEP 2 手順やルールを視覚的に示し，確認できるようにする

（例）掃除の順番や自分の仕事を忘れたら，この表を見て確認してね。

手順やルールを忘れ，「終わったつもり」になる場合があります。周囲からは勝手に遊んでいるように見られてしまうケースです。そこで「最初にすること，次にすること，○○ができたら終わり」のように手順やルール，役割等を口頭だけでなく視覚的にも示します。黒板や張り紙等でいつでも確認できるようにしましょう。

やること
①ほうきではく
②つくえをはこぶ
③ゴミをとる
・
・
・
⑦あいさつをする

STEP 3 望ましい行動をほめ，活動への意欲を高める

（例）最後のゴミ捨てもしてくれて助かったよ。掃除がんばったね。

活動を観察し，ルールを守れている場面を見つけてタイミングよくほめます。「がんばっているね」という周囲の評価と自分の行動が結びつき，次の意欲に繋がります。

トークンエコノミー法（約束が守れたらシール等を渡し，一定数貯まったら何かご褒美と交換）も効果的です。

+α 必要に応じて取り組みたい
ソーシャルスキルトレーニング（SST）で対人関係の問題をサポートする

周囲の状況や相手の気持ちの理解を促すには，SST が効果的です。SST は模擬場面で行われることが多いですが，日常場面で発揮できることが大事なので，SST を行ったあと日常場面の子どもをよく観察し，できたらほめることを心がけます。※参考文献の國分・國分監修，水上著（2013）参照

11

すぐにカッとなる子

Q 衝動的な暴言や暴力でトラブルになる子がいます

アプローチのポイント

👍 カッとなる背景を探る

● 思ったことをすぐに言ってしまったり，手が出たりする ➡ 衝動性の問題？

● 些細なことですぐに怒ってしまう ➡ 感情のコントロールの問題？

● 刺激し合う関係で，何でも反発する ➡ 友達との相性の問題？

● 学級のみんなとの関係がよくない ➡ カッとなる子へのみんなの不満がたまっている？

✖ これはNG！

●「いいから，まず，謝りなさい」➡ ますます興奮させることになります。

●「先にけんかをしたのは誰？」➡ トラブルの経緯を丁寧に聞かないと「先生は，話を聞いてくれないんだ……」と，その子との信頼関係がくずれてしまいます。

アプローチの実際

STEP 1 トラブルの場から離し，共感的に話を聞き落ち着かせる

（例）ちょっと歩いて話そうか。何があったの？

　静かな場所に移動したり歩かせたりすることで落ち着かせます。そしてトラブルになった時間，人，場所，状況を整理しながらゆっくり質問し，経緯を把握します。質問攻めにせず，子どもの話をしっかり聞きます。

（例）タケシさんは，○○されたから，怒ってしまったんだね。
　　　その気持ち，すごく分かるよ。その後，どうなったの？

　すぐにカッとなる子が，衝動的に暴言をはいたり暴力をふるったりした場合は，そのきっかけや気持ちに共感しながら聞くと落ち着いてきます。

STEP 2 話を聞いた後，自分の悪かった点を考えさせる

（例）自分が，ちょっとでも「悪かったなあ……」と思うことを言ってみよう。

　落ち着いた後なら冷静に振り返りやすいです。また，相手の子から先に自分の悪かった点を言わせると，すぐにカッとなる子も悪かった点を認めやすくなります。落ち着く前に言わせるとますます興奮してしまうので注意しましょう。

STEP 3 少しでも我慢できたらほめ，次のトラブルを予防する

（例）タケシさん，今日は怒らず，ぐっと我慢できたね！

　トラブルになりやすい場面を観察し，我慢できていたらタイミングよくほめます。「『1日けんかしない』という目標を目指そう」「カッとなりそうなときは，心の中で7までゆっくり数えよう」等，事前の約束も予防に有効です。

+α　これも忘れずに！
周りの子に対する言葉かけを行い，学級全体のケアをする

　カッとなる子の対応に気をとられ，周囲へのフォローを怠ると学級の荒れに繋がります。トラブルの仲裁に時間がかかりそうなときには学級全体に「読書していて」と伝え，刺激するようなことを言う子には「後で聞くから，今は待ってね」，等と対応します。落ち着いた後には本人の許可をとって事の経緯を学級全体に説明する等，フォローを忘れず行います。

12 〔通常学級〕 〔支援学級〕 〔通級指導教室〕〔特別支援学校〕

自信がない子

Ｑ 自信がない子の意欲を高めたいです

アプローチのポイント

👍 自信がないことの背景を探る

● 失敗を恐れる気持ちが強い ➡ 失敗やケガ等の経験がある？　体験の少なさ
　　　　　　　　　　　　　　　の問題？

● 周囲の目を気にしている ➡ 周囲からの評価をとても気にする性格？

● 自己肯定感が低い ➡ 失敗経験が多い？

❌ これはNG！

● 「できないと自分が困るよ」「みんなやっているのにどうしてやらないの？」

　➡ 怖がらせたり周囲と比べたりするような言葉かけをすると，ますます態度
　　がかたくなになる場合があります。どうしてもできない場合には無理にや
　　らせないことも選択肢の１つです。

アプローチの実際

STEP 1 スモールステップの練習を提案し，不安を軽減する

> （例）まずは「ぶらさがり」からやってみよう。5秒間できるかな？

　体験の少なさから過度に慎重になっている場合，「これならできそう」と本人が感じられる簡単な内容から慣らしていくことで不安が軽減されます。小さな達成感が積み重なれば，「自分にもできる」という自信も生まれます。

STEP 2 結果だけでなく過程もほめ，挑戦への意欲を高める

> （例）一生懸命練習しているね。がんばっているね。

　「さか上がりができたね！」等，できるようになったことをほめることは大切です。けれども結果しか認められないと，「望む結果にならなかった＝失敗」と考え，過剰に失敗を恐れるようになり，新しいことをやってみようという気持ちがなくなってしまうかもしれません。思い切って挑戦したことや，目標に向かって努力した過程に注目してほめましょう。そうすることで，子どもが「成功か失敗か」という二極思考以外で物事を捉え，「がんばった自分」を認められるようになります。その結果，「失敗したけどまたやってみよう」と挑戦への意欲を高められます。

STEP 3 本人の伸びをほめ，自分の成長を実感させる

> （例）前よりも足が高く上がるようになってきたね。

　周囲と比較した評価でなく，その子自身が以前より伸びた部分を見つけて具体的にほめると，「自分もできるようになっている」と成長を実感でき，自信がつきます。「これからもがんばろう」と挑戦意欲の高まりにも繋がります。

＋α 必要に応じて取り組みたい
複数の目でがんばりをほめ，さらなる自信に繋げる

　校内で情報共有することで，複数の目で子どもを見取ることができ，ほめるポイントを見つけやすくなります。ほめられる機会が多いほど，子どもが自分のがんばりを実感できます。「○先生が，『鉄棒の練習，がんばっていますね』とほめていたよ」等と，他の教師の言葉を伝えることも有効です。

集団行動ができず孤立する子

Ｑ 一人でいる子にどう介入したらよいでしょうか

「私も入れて!」と言えず,休み時間,いつも一人で過ごしていて……。

「みんなと遊びに行こうよ!」と声をかけると,困った表情。誘わない方がいいのかな?

友達と何かトラブルがあったらしく,「一人でいるからいい!」と,友達と関わらなくなってしまった……。

アプローチのポイント

👍 一人でいることの背景を探る

● 周りを見て仲間に入りたそうにしている ➡ 内向的な性格?　声のかけ方が分からない?

● 友達とトラブルがあった ➡ トラブルの原因や経緯は?　解決の方法は?

● 休み時間に一人で好きなことをしている ➡ 自分の時間を楽しんでいる?

❌ これはNG!

● 根拠なく「みんなといると楽しいよ」「一人でいないで, こっちにおいで」

　➡ 単なる価値観の押し付けにならないようにします。

● 「どうしてみんなと遊ばないの?」「けんかでもしたの?」

　➡ 質問のつもりが問い詰めになることもあります。

● むやみに「〇さんも仲間に入れてあげて」

　➡ 関係を悪化させる恐れがあります。

アプローチの実際

STEP 1 対人スキル向上のための支援をする

> (例)「私も入れて！」と言ってごらん。先生も一緒にいるから大丈夫！

　友達と関わりたいけれどうまくいかないケースでは，内向的で集団に入れない場合と，トラブルが多く集団からはみ出してしまう場合の2つが多いです。どちらも対人スキルの向上をサポートすることが必要です。声のかけ方や集団での振る舞い方を，ソーシャルスキルトレーニング（SST）等を用いて具体的に教えます。そして，教えた適切な関わり方を，子どもが実践し身につけられるよう，そばで見守ったり励ましたりします。

STEP 2 関係性に配慮しながら，集団との橋渡し役をする

> (例)（相性のよい友達の）○さんと一緒に学校探検に行こうよ！

> (例)□□係をしてもらってもいい？／○さんにこれを届けてもらえる？
> （引き受けてくれたら）ありがとう，みんな／○さん助かると思う！

　関係性の良好な友達や小集団との交流を促すことから始め，徐々に範囲を広げましょう。役割を任せて集団との接点をつくることも有効です。あわせて集団に交わる意義を感じられる声かけをしましょう。

STEP 3 本人の選択や決定を尊重し，焦らず関係づくりを行う

　「みんなで仲よく」は理想ですが，常に正解とは限りません。ただ，他者と交わることで得られる経験や楽しさがあるのも事実です。子どもが一人でいることを選択したときは，無理強いせずに次のチャンスをうかがいます。友達と関わることができたときには感想を聞き，「○さんも『楽しかった』と言っていたよ！」等友達との関わりを前向きに捉えられる言葉をかけ，次へ繋げます。

+α 必要に応じて取り組みたい
心理検査や自作のアンケートで困り感をいち早く見つける

　楽しい学校生活を送るためのアンケート Q-U（図書文化）や友達関係を探る自作のアンケート等で困り感を探り，教育相談を行うと早期対応できます。

登校しぶり（不登校）の子

Q 欠席の続く子への支援で困っています

昨日電話で，「明日は行きます」と
言っていたのに，今日も欠席。
サナエさん，落ち込んでいないかな。

お母さんの不安も日に日に
募っていて，心配……。

アプローチのポイント

👍 登校しぶりの背景を探る

● けんかや SNS のトラブルがある ➡ 友達とのトラブル？

● 無視や仲間外し，嫌がらせ，からかいがある ➡ いじめ？

● 「だるい」「やる気がしない」と言う ➡ 身体状態の問題（無気力状態）？

● 授業についていけない ➡ 知的発達の問題？　学習意欲の低下？

● 朝起きられない ➡ 生活リズムの乱れ（ネット・ゲーム依存）？

● 母子分離不安，子に対する過剰な期待 ➡ 家庭環境による問題？

● 「教師の指導や対応が合わない」と言う ➡ 教師との関係性の問題？

● 非行や遊び ➡ 学校や家庭での居場所がない？

※上記の内容が複数関連している場合もあります。

※次ページ STEP1・2・3 には，アプローチの基盤となる対応例を紹介します。また，子ども
　と教師（担任・担当）の関係性に問題がある場合には，生徒指導主事や特別支援教育コーディ
　ネーター等の協力を得ながら組織的に対応する必要があります。

アプローチの実際

STEP 1 子どもや保護者と信頼関係を結び，不安を軽減する

登校しぶりの子は「学校には行きたい」「行かなきゃいけない」と話すことが多いです。それができず苦しみ，悩み，不安になるようです。「あなたの力になるサポーターであること」を伝え，子どもや保護者に安心してもらいます。

STEP 2 今できることから，スモールステップで目標に取り組む

> (例) ［登校時刻］何時だと来られるかな？
> ［登校手段］自分で通学できそう？
> 　　　　　　体調が戻るまで送迎してもらうのもいいね。
> ［学校でできること］教室で勉強する？　別室のほうがいいかな？

子どもも保護者も教師も，「学校は朝から行かなければならない」「早退はできない」「欠席はだめ」と考え方が固まってしまっていることが多いです。いきなりすべてやろうとせず，「今できること」を見つけ，そこから取り組みましょう。そして約１週間ごとに行動目標を決めステップアップを目指します。

STEP 3 保護者が前向きな気持ちになれるよう支援する

> (例) ○さんの気持ちを大切に，できることから少しずつやりましょう。
> まずは○さんが「元気になること」から始めましょう。

保護者が不安になったり不満を子どもにぶつけたりすることで，状況が悪化してしまうケースも多いです。登校しぶりは保護者にとって苦しいものですが，「成長のために必要な段階」だと前向きに捉えることで状況が変わることがあります。保護者の思いを受け止めながら，見通しを共に模索しましょう。

+α これも忘れずに！
学級のみんなで支える環境をつくる

本人や保護者の意向も聞きながら，学級のみんなに「今，○さんは〜をがんばっているよ」等と伝え，教室に戻れる雰囲気をつくっておきます。

保護者との連携

Q 保護者と共通理解が図れずに困っています

ミナさんのお母さんに「困っていることはありませんか?」と聞いても,「ないです」としか言ってくれない……。

トモキさん,学校ではなんともないのに。お母さん,心配しすぎじゃないかな?

「家ではいい子なのに,学校のやり方が悪いんじゃないですか?」と言われてしまった……。

アプローチのポイント

👍 連携がうまくいかない背景を探る

● 教師と保護者の間で子どもの見立てにずれが生じている?

→ 学校と家庭では環境が違うのでずれが生じるのは当然だと自覚しましょう。

　学校(公):同年齢集団のため発達や学習の遅れを他者と比べやすい。

　家庭(私):同年齢の比較対象がなく,発達の遅れや偏りを認識しづらい。

　　　　　　家族と長時間過ごすため,素の部分が出やすい。

❌ これはNG!

● 保護者からの相談に対して「心配しすぎです」等と受け流す。

→ 信頼関係の構築には,どんな相談にも傾聴を心がけることが大切です。

アプローチの実際

STEP 1 面談で保護者の不安や警戒を和らげ，信頼関係を築く

連携の難しい事例でよくあるのは，見立てのずれによる困り感の温度差（どちらか一方が困っている）です。また感情のもつれ（相手に批判的な感情をもっている）により，正論でも心情的に受け入れられないケースも見かけます。

保護者の不安・警戒を和らげられるよう，「学校教育への理解と協力の感謝」や「子どものための努力への労い」等を保護者にしっかり伝えましょう。また，「子どもの成長のために一生懸命がんばることへの決意」を伝えます。そして「困り感，家での様子，願い，家族の考え」等具体的な話を保護者に先に話してもらい，よく聞きましょう。

STEP 2 家庭と学校の違いを意識し，共通理解を図る

「学校と家庭では環境が異なるので，子どもの様子も違って当然」という考えを念頭に置くと相手の話を受け入れやすく，話し合いがスムーズになります。例えば学校で元気がない子どもを心配しているとき，保護者が「家では活発で何も問題ない」と言った場合，「環境に合った行動」と解釈すると，「たしかに学校でも○の場面では元気ですね」等と冷静に話ができます。保護者も自分の話が受け入れられたことで安心して話せるようになります。このように，違いから出発して共通点を見つける「あるある探し」が信頼関係を深め，共通理解を図ることに繋がります。

これも忘れずに！
+α 学校と家庭の違いを生かした役割分担で，子どもの成長をサポートする

（例）［算数の計算が苦手なダイキさんの場合］
・学校：教科指導の専門性を生かして，理解を促し定着を図る
・家庭：達成の容易な課題に取り組ませ，ほめる場面を多く設定
→親子関係がよくなることと，子どもの自己肯定感と意欲が高まり，学校での学習への取組みが変わることが期待できます。

学校と家庭の支援チームが機能すれば，成長を共有でき，喜びも倍増です。

困り感や配慮への理解促進

Q 個への配慮への，周囲の理解を得たいです

先生，なんでアイリちゃんには怒らないの?

うちの子が「アイリちゃんが授業を邪魔する」と言ってます! 叱ってください!

アイリさんの障害（苦手さ）を何て説明すればいいのだろう……。

アプローチのポイント

👍 周りの子どもや保護者の反応を探る

● 「叩かれた」「授業の邪魔をされる」等の不満を訴えている

　→ その子どもへの不満?

● 「ひいきしている」「ちゃんと注意して」等の不満を訴えている

　→ 教師の指導や対応への不満?

✖ これはNG!

● 「○さんは発達障害だから」等と安易に障害名を出す

　→ 誤解を生み，傷つける危険性があります。絶対にやってはいけません!

アプローチの実際

STEP 1 障害を「苦手さ」として分かりやすく説明し，理解を得る

> （例）［フラッシュバックで突然泣き叫んでしまうアイリさんの場合］
> アイリさんは物知りで，いろんなことを覚えることが得意だよね。でも，逆に言うと忘れることが苦手で，嫌な思い出も忘れられない。それって，つらいと思う。みんなだって自分の苦手なことを周りから責められたら，つらいよね。だから，アイリさんのつらそうな場面を見たら，落ち着くまで待ってあげよう。

　トラブルが頻発すると，その子の障害特性を説明して周囲の理解を求めたくなります。しかし被害が及んでいる状態で直接的な話をしても「障害のせいにするな」と納得してもらえず，より深刻な事態を招きかねません。そこで，障害特性を「苦手さ」として説明することで，周りの子や保護者の不安や不満を軽減します。また，説明の前に本人や保護者に何をどの程度話してよいか，必ず同意を得ます。

STEP 2 自身の指導や対応に関する説明をし，理解を得る

> （例）みんなそれぞれ得意と苦手があるよね。先生は得意なことには「がんばれ」と願いを込め，努力を求めるときがあります。例えば計算の得意な子にヒントを言わない，等です。逆に苦手なことには「がんばっているのにつらいよね」と優しくするときがあります。例えば鉄棒や後片付け，つい怒りっぽくなること等，それぞれの苦手に対しては，励ましたり手伝ったりします。

　「ひいきしてずるい」と周りの子や保護者に誤解を生まないよう，苦手さへの支援はすべての子に行うこと，個々の苦手に合わせ対応が違うことを説明します。

＋α こんなときはどうする?
「わが子のことを保護者会で説明したい」との申し出には慎重に対応する

　保護者が直接説明する場合，思いが溢れて意図の通りに受け止めてもらえないこともあります。実施可否や進め方等，管理職と共に慎重に検討しましょう。実施する場合，例えばもともと設定されている学級懇談会で「ご家庭での困りごと」をテーマに一人ずつ話してもらうと，自然な流れで説明できます。

087

通常学級　支援学級　通級指導教室　特別支援学校

特別支援学級との連携（小学校）

Q 支援学級の子が通常学級で学ぶ際の配慮を知りたいです

コウタさん，通常学級での学習はおどおどしているように感じるな。

通常学級担任

一斉指導に手一杯で，コウタさんのサポートができなかった……。

アプローチのポイント

👍 通常学級での学習の様子や連携の実態を整理する

● 支援学級の子が通常学級での活動に不安を感じている

　→ 活動の理解力の問題，友達との関係性の問題，環境の違いによる不安？

● 通常学級において支援学級の子へ個別配慮ができていない

　→ 通常学級と支援学級の担任間で目標等が共通理解されていない？

❌ これはNG！

● 支援学級の子が困ると教師や周りの子がすべてやってあげる

　→ やってあげることは，時に成長のチャンスを奪うことにもなります。事前に目標や支援方法を確認しておき，その子の身につけたい力の向上を目指しましょう。

アプローチの実際

STEP 1 担任間で情報を共有し，支援方法を相談する

　苦手なことはもちろん，得意・好きなことも情報共有します。そして一斉指導でできそうなことと，個別配慮が必要なことを担任間で確認し，支援方法を検討します。情報共有の方法を相談して決めると連携がスムーズです（表 2-2 参照）。

表 2-2　担任間の情報共有の例

いつ	・曜日設定　・時間設定（朝，子どもを見ながら，放課後） ・すき間を見つけて（給食時間，掃除時間）　　等
どこで	・職員室　・教室　・廊下　　等
何で	・直接話す　・付箋やメモ　・連絡帳　・パソコン共有ホルダー　　等

STEP 2 できないことにこだわらず，柔軟な支援を行う

　子どもの強みを生かしながら，つまずいているところは分かりやすく教え，その子らしく活動できるようにします。うまくできないときは，別の方法がないか探ったり，うまくできそうな違う活動に取り組ませたりします。そして指導後に担任間で様子を共有して手立てを見直し，次の支援に生かします。

STEP 3 子ども同士の関わりを促し，仲間意識を育む

　子ども同士が互いの長所や短所を理解して支え合える環境をつくることが大事です。教師が関わり方のモデルを見せると子どもたちの支え合おうという思いを引き出せます。また，支援学級の子の日常のがんばりや学級への思い（通常学級の友達と共に活動したことの喜びや，今後の活動への願い等）を伝え，その子の得意等を生かした活動に繋げます。

+α　こんなアプローチ法も！
ヘルプの合図を決めて，子どものサポートに生かす

　困ったときに「手を挙げる」「ヘルプカードを出す」等の合図を子どもと決めておくと困り感に早く気づくことができます。さらに，子どもに自ら表現する力がつく，信頼関係の構築に繋がる等の効果が期待できます。

18

通常学級　支援学級　通級指導教室　特別支援学校

特別支援学級との連携（中学校）

Q 中1ギャップの子を，チームで支援したいです

通常学級担任

ナオさんの学習指導，
うまくいかない。
小学校の学習でも，
つまずきがあったみたい。

支援学級の先生に
相談したいけど，
声をかけづらい……。

通常学級担任　支援学級担任

アプローチのポイント

👍 支援したい子どもの困り感や校内体制の現状を探る

● 学習の難易度の上昇，学習量の増加で困っている ➡ 学力の問題？

● 違う小学校から集まった子ども同士の人間関係の構築，部活動等の先輩後輩
の関係等で悩んでいる ➡ 対人関係の問題？

● 通常学級の教師が支援学級の教師に悩みを相談しづらい

　➡ 校内支援体制の問題？

✖ これはNG！

● 通常学級の教師が誰にも相談できずに悩んでしまう。

　➡ 中学校は，教科担任制で部活動もあり，複数の教師によって様々な視点か
　　ら実態把握することができます。周りの教師に悩みをすぐに相談しましょ
　　う。

アプローチの実際

STEP 1 支援学級の教師等に相談し，アドバイスをもらう

　支援学級の教師は細やかな見取りが得意です。支援学級や特別支援教育コーディネーターの教師等に相談し，授業中の様子を見てもらいましょう。

STEP 2 情報を収集し，具体的な支援方法を検討する

　下記のように多方面からできるだけ情報を集め支援の検討材料とします。

・他の教科の教師から：「技能教科は得意だから，集中しているよ」
・小学校の教師から：「小学校時代はおとなしかったです。でも，音や匂いに過敏な傾向があった。○さんと仲がよかったから，一緒に遊べば気持ちが楽になるかも」
・心理検査から：「手先は不器用だけれど知識は豊富だね」
　　　　　　　　「視覚優位だから，図で示すと分かりやすそうだね」

STEP 3 できることから，チームで支援していく

　支援学級の教師の力を借りたり，教科担任制の強みを生かしたりして複数の教師がチームとなり，子どもの得意なことをほめる・興味のあることを話題にする等で，自信をもたせましょう。対応例を下記に示します。

・学習の遅れで自信を失っている場合→支援学級での個別の対応
・生活リズムが乱れている場合→保護者，養護教諭，医療機関との連携
・友達とうまくいかない場合→教育相談や発達相談（カウンセリング）

+α　こんなアプローチ法も！
周りの子どもの力を借りてサポートに生かす

（例）［友達関係］○さんと○さんって，何かあったの？
　　　［授業場面］こう教えてあげると，理解しやすくなるよ。

　子どもに情報を得る，学習の理解の早い子に教え方を指導し学習が遅れ気味の子に教えてもらう（ピア・チュータリング）方法もあります。教える側はより理解が深まる，教わる側は友達の説明や励ましで意欲が湧く等，双方利点があります。

校内支援体制による対応

Q 支援が行き詰まり，自分一人では抱えきれません

消しゴム
とられた!!

ケンジさんの
せいで，授業が
進まないよ。

今日も支援が
うまく
いかなかった……。

アプローチのポイント

👍 子どもの実態と支援の現状を整理する

●問題が深刻化している

→ 目前のトラブル対応に手一杯で，解決に向けた方策が講じられていない？

●学校の職員に相談しても状況が改善しない

→ 校内支援システムが機能していない？　学校の職員だけでは対応が困難？

❌ これはNG！

●教師が誰にも相談せず，一人で抱え込み過ぎて問題が
深刻化してしまう

→ 危機管理や生徒指導の大原則は「報・連・相（ほう・
れん・そう）」です。事故や問題発生，困ったこと等，
管理職や同僚に確実に報告・連絡・相談を行いましょう。

アプローチの実際

STEP 1 問題の芽が小さいうちに職員ワンチームで初期対応する

指導や対応がうまくいかないときは特別支援教育コーディネーター，相談しやすい教師，管理職等に相談し，チームで対応します。

STEP 2 校内支援委員会を開く

個別対応が必要な場合，管理職も入り組織的に対応します。

①実態把握（アセスメント）

日常の記録だけでなく，各校で取り組んでいる NRT・CRT 等の知能・学力検査，Q-U（共に図書文化）等の結果の分析を行います。発達のアンバランスさ等の理解を深めるために，WISC-IV, KABC-II 等の心理検査を専門家に依頼して行い，結果を分析することが望ましいです。発達の状況に応じた適切な支援方針を決定する根拠となります。

②支援方針の検討（ケース会議）

①の結果をもとに支援方針と具体的な支援方法を検討します。外部の相談機関の担当者等にも参加を依頼し，助言をもらうと効果的です。分析結果から分かった子どもの長所を生かせる支援方法を検討しましょう。

③教育支援計画作成と PDCA サイクル

計画作成の際は将来の自立に向けて子どもや保護者のニーズ等を把握します。「できた」経験を増やし自信がもてるようサポートしながら PDCA サイクルで多面的に評価し，指導を改善したり，組織的に対応したりします。計画は子どもの成長に即し絶えず更新し進級・進学時の引継ぎ資料として役立てます。

STEP 3 保護者の思いに配慮しながら外部専門機関と連携する

対人関係や認知面の発達支援は学校だけでは十分でないことがあります。近年は放課後等デイサービスの整備が進み，療育が身近なものになりつつあります。学校と専門機関との情報共有をはじめとした連携は子どものよりよい成長を促すことに繋がります。信頼関係を損なわないよう保護者のニーズや気持ちを見極めながら，専門機関との連携を検討しましょう。

引 用 文 献 ･･･････････････････････････････････････

●熊谷恵子・山本ゆう（2018）．通常学級で役立つ算数障害の理解と指導法 みんなをつまずかせない！すぐに使える！アイディア 48　学研教育みらい．

参 考 文 献 ･･･････････････････････････････････････

●青山新吾・堀裕嗣編（2018）．特別支援教育すきまスキル 小学校下学年編　明治図書．
●阿部利彦監修，清水由・川上康則・小島哲夫編著（2015）．気になる子の体育 つまずき解決 BOOK 授業で生かせる事例 52　学研教育みらい．
●伊藤友彦・小笠原恵・濵田豊彦・林安紀子（2011）．イラストでわかる！気になる子どもへの支援 どうしてそうなる？どうすればよい？　教育出版．
●梅田真理編著（2016）．CD-ROM 付き 特別支援教育をサポートする 読み・書き・計算指導事例集　ナツメ社．
●江越喜代竹（2016）．たった 5 分でクラスがひとつに！学級アイスブレイク　学陽書房．
●小野寺基史・青山眞二・五十嵐靖夫編著（2014）．デキる「特別支援教育コーディネーター」になるための 30 レッスン & ワークショップ事例集　明治図書．
●河村茂雄（2010）．授業づくりのゼロ段階 Q-U 式授業づくり入門　図書文化．
●北出勝也監修（2015）．発達の気になる子の学習・運動が楽しくなる ビジョントレーニング（発達障害を考える・心をつなぐ）　ナツメ社．
●小池敏英・雲井未歓編著（2013）．遊び活用型読み書き支援プログラム（シリーズ 教室で行う特別支援教育）　図書文化．
●國分康孝・國分久子監修，水上和夫（2013）．10 分でできるなかよしスキルタイム 35―どの学年でもできるエンカウンターとソーシャルスキル　図書文化．
●髙橋朋彦・古舘良純（2019）．授業づくりサポート BOOKS 授業の腕をあげるちょこっとスキル　明治図書．
●竹田契一監修・村井敏宏（2020）．通常の学級でやさしい学び支援　読み書きが苦手な子どもへの〈作文〉支援ワーク　明治図書．
●辻井正次・宮原資英監修，澤江幸則・増田貴人・七木田敦（2019）．発達性協調運動障害［DCD］不器用さのある子どもの理解と支援　金子書房．
●藤田和弘監修・熊谷恵子・青山真二（2000）．長所活用型指導で子どもが変わる〈Part2〉―国語・算数・遊び・日常生活のつまずきの指導　図書文化．
●細江文利監修・古井邦一（2010）．新学習指導要領対応 跳び箱運動の指導法：よくわかる DVD シリーズ　小学館．
●宮口幸治（2015）．CD 付コグトレ みる・きく・想像するための認知機能強化トレーニング　三輪書店．

第3章

特別支援学級（通級指導教室）における課題

障害種ごとに少人数学級で個に応じた指導を行う特別支援学級と、通常学級に在籍しほとんどの授業を通常学級で受けながら、個に応じた指導を行う通級指導教室。いずれも教師に多くのスキルが求められますが、実際には突然担任を任され、戸惑うケースも多いと思います。

本章では、はじめて担当する方に向け、子ども理解や支援のポイントを紹介します。

個に応じた指導や日常生活の指導についてより深く知りたい方は、続く第4章もご参照ください。

1

通常学級　　支援学級　　通級指導教室　特別支援学校

個別の教育支援計画と個別の指導計画の作り方

Q 子どものつまずきを計画にどうまとめればよいですか

> この子はどこでつまずいているのかな？
> 何から指導したらいいか分からない……。

> 目標ってどうやって立てればいいの？

> 先生に同じ注意をされるのに
> 漢字が覚えられない……。
> どうして私はできないの？

アプローチのポイント

👍 子どものつまずきの要因を探る

　子どものつまずいている要因を探ることは，支援の方向性を考える上で重要です。「つまずきの背景は○○かもしれない」と仮説を立てることから始めましょう。そして子どもと関わる中で仮説が合わないと感じたら，必要に応じて修正しましょう。

👍 子ども主体の目標を設定する

　目標を立てる上で大切なことは，関わる側の指導目標ではなく，あくまでも子どもの視点に立って設定することです。目標は，子どもが獲得を目指す知識や技能等であることを頭に置いておきましょう。

アプローチの実際

STEP 1 実態把握（アセスメント）で，子どもの状態像を捉える

　子どものつまずいている領域を探ることで具体的な状態像が見えてきます。教科の成績だけではなく，子どもの様子を「聞く」「話す」「読む」「書く」「計算する」「推論する」といった視点で見直してみましょう。例えば授業や休み時間の様子を記録する，子どものノートや作品を見る，他の教師や保護者に話を聞く，等の方法があります。

STEP 2 長期的な視点で支援を考える——個別の教育支援計画

　関係機関と連携し，長期的な支援を一貫して行うための個別の教育支援計画を，保護者の同意を得て関係機関等と連携して作成します。子ども本人や保護者のニーズを把握し，学校の教育活動に限らず，子どもの将来の生活をイメージしながら方向を決めます。他機関との連携に活用されるので，記載すべき事項を正確に記録します。

STEP 3 長期・短期目標を具体的に設定する——個別の指導計画

　長期目標は学習の過程でなく年度末に目指す姿を想定し設定します。
△整理整頓の練習に取り組む
　　　　　　　　　　⇒ 学習の過程のみが書かれている
△わり算の仕方について学ぶ
〇整理整頓の練習を通して，帰りの準備が一人でできるようになる
〇わり算の仕方を理解し文章問題が解ける
　　　　　　　　　⇒学習を終えた段階で目指す姿が書かれている

　短期目標を設定する際には，実態に応じた指導を行うための指導・支援方法も合わせて記述します。具体的な目標にするためには，下記の例のようにどのような条件か（場面やツール等）を入れるのがポイントです。

（短期目標）ワークシートを用いて，自分の調べたことをまとめる。
（指導）まとめるときに，接続詞の使い方を確認する。
（支援）文字を書きやすいように罫線のあるワークシートを用意する。

---

2 | 学習支援の工夫

Q 学習がなかなか身につかない子の支援に悩んでいます

やる気はあるのに，
なかなか身につかない。
どうやって教えたら
いいんだろう？

一生懸命やって
いるのに……。

また間違
えた……。

アプローチのポイント

👍 子どもの問題解決の方法を観察し，得意不得意を探る

●子どもが得意とする学習方法や強い能力に着目する

（手順を重視した学習か，全体をイメージした学習か。

視覚的な情報と聴覚的な情報のどちらが捉えやすいか。

●間違えたときの様子を観察する

正解よりも間違い方を分析する方が，その子の方略を推測するヒントに。

👍 心理検査の結果を参考に，得意不得意を探る

結果の数値だけでなく，子どもの中の差に注目します。弱い能力に配慮し，得意な能力を活用できるように指導方法を工夫しましょう。

STEP 1 学習についての具体的な実態把握を行う

点数や正答数ではなく，「どのように問題を解いているか」「どんな間違い方をしているか」について分析（アセスメント）します。例えば「筆算が正しくできない」といった場合，計算のどの場面で間違いやすいのか，繰り上がりや繰り下がりの有無，解答までの手順，計算用紙のマス目の有無等，具体的に実態把握を行います。

STEP 2 子どもの得意な学習方法に合わせて指導する

つい教師の得意な指導方法で教えてしまいがちですが，子どもの取り組みやすい学習方法に合わせて指導方法を変えることも必要です。例えば，「13 − 5」という繰り下がりのある引き算を解く方法には，下記の3つがあります。

> ① 13 という固まりから順番に5を引く方法
> ② 13 から3を引いた後に 10 から2を引く「減々法」
> ③ 13 を 10 と3に分け 10 から5を引いた後に合わせる「減加法」

筆算に繋げるためには「減加法」がよいといわれていますが，子どもによっては，違う方法のほうが取り組みやすいことがあります。

STEP 3 子どもの長所を生かした指導方法を検討する

得意な学習方法に注目し，強い能力を活用した指導を「長所活用型指導」といいます。子どもの学び方の長所を活用することで習得しにくい技能を効率的に獲得させることが目的です。学習方法には「同時処理」と「継次処理」という視点があります（藤田・青山・熊谷編著，1998，2000 が参考になります）。また，視覚や聴覚の優位性といった長所を活用する視点も大切です。

+α こんな方法も！

子どもの興味のあることにアンテナを張り，柔軟に学習方法を工夫する

ある教師が，特別支援や心理検査を行った経験はないのですが，字を書くのが苦手な子どもに，その子の好きなキャラクター名を書く片仮名の練習課題を作り，やる気を引き出しました。これも子どもの意欲を引き出す指導です。

③ 学力の保障

通常学級　**支援学級**　通級指導教室　特別支援学校

Q 学習に対する保護者の思いが多様で，悩んでいます

うちの子は，学校に通えればよいので勉強はしなくてもいいです。

母親A

うちの子は，学年の子と同じ学習をさせてください。

母親B

教科指導，どうしたらいいだろう。自立活動や生活単元学習の時間もあるし……。

アプローチのポイント

👍 教科学習と教科学習以外とを関連させる

　発達に遅れや偏りがある子は，机上の学習だけではなかなか身につかなかったり，覚えたことを普段の生活に活用できなかったりします。自立活動を含めた他の教科等や学校生活を意識的に関連させ，興味のある活動と学習とが結びつくようにしたり発展させたりします。

✕ これはNG！

●保護者の要望をそのまま受け入れた，実態にそぐわない教科指導

　→ 本人や保護者の思いや願いを尊重しますが，教育の専門家としてその子に合わせた学習を提供する，という視点をしっかりもちましょう。

アプローチの実際

STEP 1 保護者の真のニーズを確認する

　母親Ａは，子どもが勉強を理由に登校を渋り，困っているのかもしれません。母親Ｂは，家族から理解が得られず何とか周りの子に追いつかせたいと焦っているのかもしれません。個別の教育支援計画と個別の指導計画の作成を通し，保護者のニーズを把握します。そして子どもの力を客観的に説明できる資料や将来の進路等の情報をもとに，学校と保護者で学びの方向を揃えることが必要です。

STEP 2 将来の進路や生活を意識した目標を設定する

　いきなり将来像をイメージすることは難しいので，普段の生活を豊かにする視点で考えましょう。子どもの生活の様子を「一人でできること」「少し手伝ってもらうとできること」「手伝ってもらう必要があること」に分けて確認します。そして「少し手伝ってもらうとできること」が「一人でできること」になるために必要な知識や技能を学習と関連させて考えると目標設定がしやすくなります。

STEP 3 発達の順番に沿った柔軟な教科指導を行う

　教科書は発達段階に合わせて学習の順番が決められており，系統的な指導のヒントになりますので参考にするとよいでしょう。教科書を使った学習が難しい場合には，実態に合わせた教材を用意します。その際，子どもの発達の順番について十分理解しておく必要があります。小学校の教師は，就学前の発達についての理解が曖昧なことがあります。「国語」や「算数」の前に「もじ」「かず」をどのように獲得していくのかを整理した上で，指導内容を検討しましょう。

＋α これも忘れずに！
将来の自立のための教科学習と考える

　電卓やスマホ等便利なツールは増えていますが，買い物でおおよその金額を見積もる計算能力，情報を得るために必要な文章読解能力等，将来の自立と教科学習は無関係ではありません。学力の保障を考えるとき，「成績」だけではなく，「将来に繋がる」という視点も必要です。

4

通常学級　　支援学級　　通級指導教室　特別支援学校

学習の評価

Ｑ 目標の達成度合いを，どう評価すればよいでしょうか

支援学級の子の評価，
どうやって書けばいいのかな?
記述式って難しいイメージ。

数値化するのが難しい課題は，
どう評価したらいいの?

目標をどのくらい達成できたのか，
よく分からないよ……。

アプローチのポイント

👍 3 種類の評価を押さえる

● 診断的評価……指導前に行う，実態把握ための評価。アセスメント。
　　　　　　　　　（子どもの経験・興味・知識・理解の程度等）

● 形成的評価……学習活動の途中で行う，子どものつまずきや教材の改善案，
　　　　　　　　　新たな課題等についての評価。学習や指導の改善に繋がる。

● 総括的評価……1 つの学習活動が終わったときに行う，学習目標に対して，何
　　　　　　　　　がどれくらいできるようになったかの成果の評価。

👍 評価のサイクルを押さえる

　3 つの評価を PDCA サイクルの中に計画的に組み入れていきます。

アプローチの実際

STEP 1 診断的評価に基づき達成基準を明確にした目標設定をする

　子どもの実態に合わせて，短期目標の中に目標達成の基準を盛り込んで「評価するときの視点」を明確にしましょう。

例：△わり算の筆算を正しく解く→どの程度できたら目標が達成されるか曖昧。

　　○わり算の筆算が10問中8問できる→目標の達成基準が明確。

STEP 2 形成的評価に基づいて指導を見直し，学習改善に繋げる

　評価は子どもにだけ行うものではありません。教師自身の手立てや支援について評価することも不可欠です。評価のポイントの1つは，子どもが自分の得意な力や学習の方法を活用できていたかを考えることです。子どもが得意な能力や学習方法を生かせる指導ができているか自身を評価し，授業改善に繋げましょう。

STEP 3 指導記録を総括的評価に繋げ，学習成果を把握する

　日々の指導の中で，その都度学習の様子を記録していきましょう。例えば，「今日は正答率が50％だった」「マス目の大きいワークシートを用意すると，計算ミスが減った」「画数の多い漢字は間違える傾向にある」等です。子どもが書いたワークシートやノート，発言等も記録しておくとよいです。発達に遅れや偏りのある子は，一度達成したことでも安定して身につかないことがあるため，日々の小さな評価を繰り返し，積み重ねることでより正確な総括的評価へと繋がり，学習の成果を総合的・全体的に把握することができます。

+α　これも忘れずに!
PDCA サイクルと評価

　PDCA サイクルとは，「Plan（計画），Do（実施），Check（評価），Action（改善）」で行う授業等の改善の方法です。「診断的評価」は Plan，「形成的評価」は Do，「総括的評価」は Check に取り入れることができます。そして，評価して終わりではなく，「授業改善」の Action に繋げることが最も大切です。このサイクルを実践することで，教師の授業スキルの向上に繋がります。

生徒指導

Ｑ 支援学級の生徒指導で考えておきたいことは何ですか

今日一緒に
ゲームしようぜ!

昨日のテレビ
見たか?

サトルさんとタカトさん，話してばかりで
給食が全然食べ終わらない。

周囲の迷惑になっているから
注意してるけど改善されない。
授業中はしっかり聞けるのに……。

アプローチのポイント

👍 生徒指導の目的を意識して指導にあたる

　「指導」というと，子どもの悪い行いに対して教師が行うもの，と考えがちですが，本来「生徒指導」とは「社会の中で自分らしく生きることができる大人へと児童生徒が育つように，その成長・発達を促したり支えたりする意図でなされる働きかけの総称のこと」を指します（国立教育政策研究所，2012）。

　生徒指導の目的として「社会性の育成」や「社会に受け入れられる自己実現」が前提としてあることを踏まえる必要があります。行動問題の指導の際にも，この視点を忘れないようにしましょう。その上で，特別支援教育の生徒指導では，障害特性を理解し，その子が「分かる」実感が得られるように，視覚的な情報提示をすることや，より具体的に説明すること等が大切です。

アプローチの実際

STEP 1 行動の背景を考えて手立てを探る

　「社会性」や「社会に受け入れられる力」を，学校生活の中で他者と折り合いをつけて一緒に過ごしていく中で育んでいくことが大切です。

　冒頭の事例は，「本人たちは楽しいけれども周りの子どもたちは困っており，常に落ち着きがなくて騒がしく，繰り返し注意を行わなければならない」という場面です。けれども頭ごなしに注意をしたり，叱ったりするのではなく，少し冷静になって，その行動の背景に目を向けるようにしましょう。

　事例のように，授業中は話が聞けるのに，給食中には集中できないのはなぜでしょうか。もしかすると，するべきことが明確であれば集中できるが，自由な状況になるとテンションが上がり，落ち着きがなくなってしまうのかもしれません。その場合，直接指導ではなく，環境設定を工夫することが有効です。

　例えば，「いただきます」の号令がかかったら「ごちそうさま」まで「給食のマナーを守る」という約束をつくり，気持ちの切り替えのタイミングを明確に示します。特定の仲間からの刺激が強い場合，給食中の教室内の席配置を変更します。このように，指導の際にはまず行動の背景を探り手立てを考えましょう。

STEP 2 よりよい学級経営に繋げる視点で生徒指導にあたる

　学習指導要領総則に下記のような生徒指導の三機能が示されています。

〔生徒指導の三機能〕
① 子どもに自己決定の場を与えること
② 子どもに自己存在感を与えること
③ 共感的人間関係を育成すること

　この三機能を意識して，子どもが自信を深められることや，自分の思いや考えを選択し，決定する場面を設定することで「楽しい・できる」や「決めた・言えた」と実感できるようにサポートすることが大切です。また，教師や仲間から受容されたり共感されたりすることで，安心して自分の思いや考えを表現できる居心地のよい学級集団を育成するようにします。複数の教師の目で，多面的に子どものよさやがんばりを捉えるために共通のツールの活用，情報交流等が有効でしょう。

6 部活動への参加

通常学級　　**支援学級**　　通級指導教室　特別支援学校

Q 支援学級の子の部活動参加で考慮すべき点は何ですか

先生！　ぼく，野球部に入りたいです！
小学校のクラブ活動でもやっていたので，自信があります。
1年生から，レギュラーになります！

そ，そうか。フミイチさんは野球部に入りたいのか。今度詳しく説明するね。

野球部は練習が厳しいんだよな。
やっていけるかな……。

アプローチのポイント

👍 子どもの意思を尊重して，一緒に考える

　入学して間もない時期はとくに，中学校生活に対する期待や夢の1つとして部活動への希望を強く思い描いているかもしれません。まずは子どもの思いをしっかりと受け止め，一緒に考えていく姿勢が大切です。

👍 関係者間で連携し，総合的に判断する

　部活動の顧問や保護者とで，事前の確認や調整を行い，部活動への参加のあり方を協議する必要があります。場合によっては入部を勧めないという選択肢もあるでしょう。様々な立場からの意見をもとに，子どもにとって最善の策を講ずるようにします。

アプローチの実際

STEP 1 部活動の受け入れ体制を確認する

　各学校・各部活動において，活動の状況は様々です。以下のような観点を押さえながら，子どもが希望している部活動の顧問と話し合いを進めましょう。

・子どもの特性について説明する

　運動能力，指示理解力，コミュニケーション力，集団への適応性，人との関わり方の様子，配慮事項等。

・部活動の状況を確認する

　在籍数，部員の様子，練習内容，顧問の人数，指導の実際等。

・子どもの特性に対して配慮できる範囲を確認する

　練習時間，練習内容，参加頻度，特性に配慮した関わり方等。

STEP 2 部活動への参加方法を具体化する

　部活動の受け入れ体制と保護者・子どものニーズを確認した後，個別の支援が難しい場面等を想定しながら，具体的な参加方法を検討し，関係者間で共通認識を図ります。

STEP 3 部活動に参加する子どもへの支援を行う

　部活動への参加が決まったら，必要に応じて障害特性に応じた支援を行い，自立に繋がるように環境を整えます。

　例えば自閉スペクトラム症の場合は障害特性として「社会的関係の形成の困難さ」や「コミュニケーションの問題」「興味や関心が狭く，特定のものにこだわること」「感覚の過敏等」が挙げられるので，有効な支援の手立てとして「視覚支援の工夫」や「活動の見通しがもてるような工夫」「意思を伝えやすくするような工夫」等が考えられます。それでは ADHD の場合はどうでしょうか。注意欠陥と衝動性のどちらかに課題がないかや，その特性による対人関係スキルの課題がないか等を確認します。

　障害特性は一人一人異なりますので，視点を変えながら特別支援の専門的な知識を取り入れ，具体的な手立てを提案して活動に生かすようにしましょう。

進路指導（中学校）

Ｑ 将来就きたい職業を見つけられるよう支援したいです

> もう中学3年生ですが，高校をどこにするか
> なかなか決められません。
> 将来は，車関係の仕事をやってみたいですが……。

> 夢は応援してあげたいけど，もう少し具体的に
> 考えていけるようにしてあげたいな。

アプローチのポイント

👍 キャリア教育の視点で，生き方の指導として子どもに関わる

　「進路指導のねらいは，キャリア教育の目指すところとほぼ同じ」（平成23年中央教育審議会答申より）との見解が示されています。特別支援教育の進路指導についても同様に考える必要があります。キャリア教育とは「一人一人の社会的・職業的自立に向け，必要な基盤となる能力や態度」を育成することで，生き方の指導とも呼ばれてきました。中学校と高等学校ではキャリア教育の一環として「進路指導」が位置づけられていますが，卒業後の進学先・就職先を決めることだけに焦点を絞った，いわゆる「出口指導」にならないように，「進路指導」の目的を理解・整理した上で，計画的・組織的に教育活動を行うようにします。

STEP 1 自己理解を深められるよう,「自分探し」をサポートする

　将来どのような職業に就きたいか,まずは自分の将来に関心をもつことが大事です。作業学習や販売実習等を行い,「本当に自分がやりたいことや実現の可否」を子ども自身が考えられるよう支援する事例もあります。目的ができることで,自主的な取組みやこれからすべきことの意義の理解に繋がります。現実的かつ建設的に考えていく必要もあるので,子どもの能力・適性を把握し,子どもにも将来の進路との関連において自分自身を正しく理解させるようにします。

STEP 2 進路についての情報提供をする

　進路選択の材料として,職業や進学先等に関する新しい情報を子どもに与えたり,担任の見立てや経験も含めた様々なケースを紹介したりします。将来への展望をもち,進路の選択・計画をし,社会的・職業的自己実現を達成していくことに必要な自己指導能力を,学校生活を通して伸張させることを目指します。

STEP 3 子どもの実態の多様化に応じた進学に関する指導を行う

　支援学級を取り巻く状況の変化の1つに,子どもの実態が多様化してきていることが挙げられます。自閉スペクトラム症や情緒障害の割合が年々増加傾向にあり,その中には知的な遅れを伴わない子どもも含まれています。学習面に遅れがない場合は,進学を検討する際に特別支援学校高等部や高等支援学校だけではなく,高等学校も視野に入れて考えるケースが増えてきました。キャリア教育の視点をもち,将来の姿を見据えることが重要になります。

+α これも忘れずに!
キャリア・パスポートを活用する

　2020年4月から導入された「キャリア・パスポート」は,自らの学習状況等を見通したり振り返ったりしながら,主体的に学ぶ力を育むことを目指した教育実践のためのツールです。特別支援教育では,子どもの特性に応じて振り返りの際に写真や動画を使ったり,子どもの記述内容をもとに,教師が子どもの気づきを促すように関わったりする等の工夫が求められます。

⑧ 　通常学級　**支援学級**　通級指導教室　特別支援学校

通常学級との連携

Q 通常学級での学習時に付き添えないときがあります

なかなか通常学級の支援に行けない。
配慮をお願いしたいことはあるけど，
どうしたら伝わるかな。

支援学級担任

支援学級在籍のマコトさん，
通常学級での授業中におしゃべりが多いなあ。
他の子と同じように指導していいのかな?

通常学級担任

アプローチのポイント

👍 通常学級・支援学級のどちらかにだけ合わせて指導しない

　通常学級・支援学級の各場面で，どんな力が伸ばせるのかを検討します。学力，集団適応，学習態度，コミュニケーション等，能力や場面に分け，課題だけではなく，活躍できることも整理します。

👍 通常学級での学習を安心して行えるように支援する

　失敗経験が増えて自信をなくすことを防ぐため，支援学級での指導や通常学級での配慮について，共通理解を図ります。

　　支援学級：子どもへの事前指導や活動への見通しをもたせる。
　　通常学級：指導するポイントの確認，周囲の子どもへの理解を促す。

アプローチの実際

STEP 1 通常学級担任の困りごとや周りの子の様子を確認する

まず通常学級担任が指導で困っていることや気になることを聞きましょう。問題となる行動についてだけでなく，周りの子どもたちの反応等も確認します。また，担任の思いと事実を整理して聞くことも大切です。通常学級の授業を見に行けなくても，こうして情報収集することで実態をつかむことができます。

STEP 2 事前学習や指導のポイントを確認し学習の充実を図る

支援学級に在籍している子どもが通常学級で学ぶ際，ふだんと違う環境・学習内容に戸惑ったり，うまくできずに自信をなくしたりしてしまうケースは少なくないので，事前に子どもに学習への見通しをもたせておくことが有効です。また，通常学級担任に子どもが活躍できそうなことを伝え，評価する場面をつくってもらうことで子どもが自信をもてるようにしましょう。

ときには，通常学級担任からの直接的な指導が必要な場合もあります。そのために普段から子どもの実態を伝え，どこまで求めるか，どんな伝え方がその子にとって分かりやすいか等を確認しておきます。

STEP 3 指導結果を振り返る時期を決め，方法や目標を見直す

最初に考えた指導が必ずしも有効とは限りません。常に見直していく必要があります。子どもの状態や指導する内容によって振り返りを行う期間は変わりますが，通常学級担任と話し合って振り返りの時期を事前に決めておくようにします。PDCAサイクル（計画→実行→評価→改善）を繰り返すことで通常学級担任と支援学級担任の足並みが揃い，スムーズな連携や指導の改善に繋がります。

+α これも忘れずに！
注意するときの配慮をお願いし，子どもの不安を軽減する

支援学級に在籍していることで周りの子からどう見られているか不安を感じたり自信をなくしたりしている子は少なくありません。注意するときには「周りに人がいないところで話す」「他の子と比較しない」等配慮が必要です。

通常学級　**支援学級**　通級指導教室　特別支援学校

通常学級の子どもの支援

Q 通常学級担任から，支援方法の相談を受けました

> 私の学級に落ち着かない子がいるんです。
> 説明してもなかなか理解してもらえず，
> 最近はやる気もなくしていて……。
> どのように支援したらよいでしょうか?

通常学級担任

> 通常学級での支援って
> 言われても……。

支援学級担任

アプローチのポイント

👍 子ども本人だけでなく，関わる全員の問題として考える

　対象となる子どもにとって最善の方法を検討するために，子ども本人の困り感だけではなく，保護者，学級の子どもたちやその保護者，学級担任が感じている困り感や課題，願いを整理します。

👍 問題解決に向けたチームをつくる──校内支援委員会の活用

　支援を検討する際に，関係する大人が情報を共有して支援の方向を一致させることが大切です。その上で，それぞれの役割を確認したり調整したりします。必要に応じて外部の関係機関のアドバイスも取り入れます。

アプローチの実際

STEP 1 子どもの様子や状況をしっかりと把握する

　まず子どもの状態把握から始めます。授業の様子の観察等を通して直接関わる，通常学級担任から問題と感じている行動の頻度や要因等について情報収集する，保護者から家庭での様子を聞く，等です。また，主訴となっている行動だけでなく，子どもの得意不得意や興味関心，性格等，できる限り情報を集めます。表のように 5W1H に分けると整理しやすいでしょう。

表 3-1　5W1H による情報収集

Who 誰が	When いつ	Where どこで	What 何が起きた	How どのように	Why なぜ起こったか
誰が？ 相手は？	時間帯は？ 偶然？ 常に？	場所は？ 校内か？ 校外か？	内容は？ 程度は？ 結果は？	事前に何があったか？ その後の対応は？	仮説として考えられるのは？ 過去の行動と比較すると？

　あわせて，保護者や学級の子どもたちが感じていることや，通常学級の状況についても同じように整理をします。

STEP 2 支援の手立てを相談し，共通理解を図る

　子どもへの理解を深めたら，通常学級担任，保護者，必要に応じて関係機関と情報共有します。そして校内支援委員会を開き，職員で支援の手立てを相談・決定し，共通理解を図ります。学校で行う手立てだけではなく，家庭や関係機関でどのような役割がお願いできるかも話し合います。場所が違っても一貫した支援を行えるようにするのがポイントです。

STEP 3 支援学級でのノウハウを生かす

　支援学級で「お試し」で学習することも一手ですが，保護者が通常学級での支援を希望している場合は難しいかもしれません。しかし，支援学級で使用している教材や道具を通常学級でも使ってみることは可能です。柔軟な支援を心がけましょう。

10

通常学級　**支援学級**　通級指導教室　特別支援学校

交流及び共同学習

Q 通常学級の子と学ぶ機会をどう提供すればよいですか

> 支援学級在籍のハナさんを，通常学級の子たちと一緒に過ごさせてあげたいけれど，どうすればいいのだろう。

> ただ遊んで過ごすわけにもいかない。先生方にはどう伝えたら協力してもらえるかな?

支援学級担任

アプローチのポイント

👍 **交流と共同学習の2つの側面を意識する**

　特別支援学校や支援学級の子が，通常学級の子と共に学ぶことを「交流及び共同学習」といいます。交流は「豊かな人間性を育むこと」，共同学習は「教科等のねらいを達成すること」を目的としています。それぞれを切り離して考えることは難しく，2つの側面を意識しつつ，内容に応じてどちらに重きを置くのかを考えながら進めていくことが大切です。

👍 **「交流及び共同学習」で何を大切にしたいかを考える**

　何をねらいにするかによって，方針の立て方が変わってきますが，最も大切なのは，子ども自身が楽しく過ごせるか，子どもが期待感をもつことができるかという点です。また，子どもが無理なく取り組めそうなことから始めるのがポイントです。

アプローチの実際

STEP 1 子ども本人の思いをしっかり聞き，寄り添う

　支援学級の子が通常学級で過ごすことには，大きな勇気を要する場合があります。そのため，担任の思いだけで進めるのではなく，子ども自身の思いを聞くことが最も重要です。自分の思いを伝えることが苦手な子の場合は，最も身近な理解者である保護者の思いや願いも聞きながら進めます。子どもの思いに寄り添う視点を常に忘れないようにしましょう。

STEP 2 保護者や管理職，通常学級担任へ説明し，協力を得る

　なぜ交流や共同学習が必要なのか，どのように進めていくのか，安全管理をどのようにするのか等を話すことが大切です。さらに，通常学級の子どもたちに，支援学級の子どもについての話をする必要が出てくるかもしれません。その際は，事前に本人・保護者の同意を得て得意や不得意を，子どもの発達段階に応じた表現で伝えます。また，通常学級担任と支援学級担任のどちらから話をするのがよいのかを決めておくと，スムーズに進めることができます。

STEP 3 子どもたちが「楽しい！」と思うことからスタートする

　準備が整ったら，いよいよ子ども同士での活動です。ねらいによっては座学の授業から始まることもあるかもしれませんが，子どもたちが「楽しい！」「また一緒に活動したい！」という思いをもてることが何より大切です。休み時間に一緒に遊んだり，給食を一緒に食べたりすると，緊張感が少なく，よいスタートを切れます。

+α これも忘れずに！
活動を継続し，日常生活の一部にしていく

　一度きりで終わらず，活動を継続することが大切です。計画の段階から継続可能な内容を考えましょう。一緒の活動が日常生活の一部になることで，特別なことではなくなり，想像を超えた多くの学びが生まれるかもしれません。

11

通常学級　　**支援学級**　　通級指導教室　　特別支援学校

保護者対応（特別支援学級からの退級）

Ｑ 保護者が，通常学級への転籍を希望しています

> 息子を普通高校に進学させたいんです。次の学年から，通常学級で学ばせたいのですが……。

> 落ち着いているので，通常学級に転籍しても大丈夫だと思います。

> どう答えたらよいだろう？

アプローチのポイント

👍 保護者の考えの背景やその子の特性を整理する

● 保護者の願い…高等学校・大学への進学，就職等将来の選択肢を広げたい。

● その子の特性…得意な教科，学習する上で苦手なことは何か，友達との関係はどうか，集団生活の中で苦手なこと（感覚過敏等を含む）はないか。

✖ これはNG！

● 今後の進路について断定的な言い方，曖昧な言い方をする。

　→「学習についていくのは無理です」「なんとかなるかも知れません」

● 本人の気持ちを確認しないで進める。

アプローチの実際

STEP 1 保護者の思いをよく聞き，情報を整理する

　本人の学力や将来のこと等，様々なことを考えて保護者は悩み，転籍の相談をしています。その思いをよく聞くことがまず何より大切になります。

STEP 2 通常学級で学ぶことを，スモールステップで体験させる

> リョウヤさんは算数が得意なので，まずは算数を通常学級で学習してみましょう。それに慣れたら，次は……

　通常学級での生活を体験しないまま転籍すると，子ども本人の不安が大きくなりやすいです。通常学級で学ぶ教科や時間を徐々に増やしていき，本人の気持ちや困り感等を確認します。大きな集団で生活することで聴覚過敏によるストレス等，それまで目立たなかったことが分かる場合もあります。

STEP 3 保護者と共通理解を図った上で，今後のことを話し合う

> ワークシートにまとめるのが難しかったようですが，隣の席の友達の様子を見てやり方が分かり，自分なりに書いていました。

　教師は通常学級での学習の様子を，できていること，経験を積めばできるようになること，もう少しサポートが必要なこと，本人には難しいこと，に整理して保護者に伝えます。保護者と本人の思いを尊重しながらも，客観的な情報をもとに合意形成を図ります。

> ○○はできるようになってきましたが，△△は苦手なようです。

＋α これも忘れずに！
関係機関からの情報収集と連携の継続を行う

　退級の判断は担任の考えだけでは決められません。そのため，教育センターや医療機関等の関係機関の利用を保護者に勧めたり連携を図ったりし，様々な角度からの情報を集めることが必要です。通常学級に転籍した場合も，学校と関係機関が連携を図り，支援方法を相談できるようにすることが大切です。

12

通常学級　　**支援学級**　　通級指導教室　　特別支援学校

保護者対応（特別支援学級への入級）

Ｑ 保護者に，支援学級への入級を提案したいです

私の学級のカズフミさん，学習が難しいようで，最近すっかり自信をなくしてしまっているんです……。

本人もつらそうですね。支援学級の活用も１つの方法です。

保護者とどう話し合ったらいいでしょう……？

通常学級担任

支援学級担任

アプローチのポイント

👍 保護者の心情や状況を理解する

●子どもの困難さに気づいていない，気づいているが認めたくない？

●いじめや差別をされるのではないかと心配している？

●通常学級で学習することへの希望が強い？

❌ これはNG！

●断定的な言い方，その子が悪いというような言い方，診断名を出す

　例：「ついていくのは無理なので，支援学級に移ってください」

　　　「乱暴な行動が多く，ADHD だと思います」

　　➡ 保護者の信頼を失ってしまいます。絶対に避けましょう。

STEP 1 支援学級担任やコーディネーターと共に保護者と話す

保護者に，校内には子どもをサポートできる人が担任以外にもいることを説明します。その上で通常学級担任は，子どものがんばりや困り感等，学級での様子を伝え，コーディネーターや支援学級担任等は，授業中の子どもの様子を把握しておき，「どんな支援をしたら本人ができたか」等を伝えます。そして，保護者の思いをよく聞き，一方的に入級を勧めることは避けます。

STEP 2 支援学級での学習を体験してもらう

> 支援学級で，苦手な算数を本人に合わせた内容で学習しませんか。

支援学級で，子どもに合った内容や方法で学習する「お試し期間」を設けます。「お試し期間」の中で，子どもが学習や登校に意欲的になる等の変化が見られることがあります。保護者に「支援学級が合っているのかも」と思ってもらえるケースも多いです。

STEP 3 保護者・本人の気持ちを踏まえ，今後の支援を検討する

支援学級での「お試し期間」の様子について保護者に伝えます。また，支援学級での学習の様子だけでなく，通常学級での生活や友達関係の様子等，変化が見られたことについても伝えます。その上で保護者の思いに寄り添いながら，今後の支援を検討し，1つの方法として支援学級への入級について前向きに検討できるようにします。

+α こんなときはこうする！
支援学級への入級だけではない「とぎれない支援」を行う

「支援学級に籍を移す」という話があったときに保護者がショックを受け，受け入れられない場合も多いです。その場合，本人に合った学習方法や家庭でのサポート方法を提案する，取り組みやすい宿題を用意する，教室での座席を工夫して机間巡視で声をかける機会を増やす等，入級にこだわらず，学校と保護者が良好な関係を保ちながら必要な支援を継続していくことが大切です。

13

通常学級 **支援学級** 通級指導教室 特別支援学校

校内での特別支援学級の役割

Q 支援学級担任として校内で何ができるでしょうか

> 通常学級で困っている子どもや,
> 指導に苦労している先生のことが気になるなあ。

> 支援学級の担任として,
> 今,自分ができることって何だろう?

アプローチのポイント

👍 目の前の指導から,1つ1つの活動を積み重ねる

　支援学級の担任として,まずは支援学級の指導を充実させていくことが大切です。その上で,支援学級内だけでなく,学校全体としてどのように子どもたちの学びを深めていくかという視点をもつことが必要です。通常学級の中にも支援を必要とする子どもがたくさんおり,支援学級での指導の積み重ねが効果を発揮します。

👍 別な切り口からの支援や教育を考える

　特別支援は教育の中では「医学」や「心理学」に近い分野です。子ども理解の段階で,他の教師が気づいていない認知の偏りや学び方の特徴に気づき,新たな提案ができるかもしれません。教師にもそれぞれ得意な分野があります。互いのよさを生かし合いましょう。

アプローチの実際

STEP 1 支援学級での指導を充実させ通常学級での指導にも生かす

　自分の学級でできることに丁寧に取り組むこと
は，他の学級の教師の参考になる等，学校全体の学
びの充実にも繋がります。日常で当たり前に行って
いる指導や支援も，他に工夫できることがないか考
え，さらなる充実を目指しましょう。

　また，支援学級での指導法は通常学級で支援を必
要としている子へ活用できる可能性があります。例えば困っている教師へ直接
アドバイスしたり校内研修等で教職員に還元したりすることが考えられます。

STEP 2 交流及び共同学習を充実させる

　交流及び共同学習を進めるにあたっては，支援学級・通常学級の子どもたち
双方にとってより深い学びのある学習となるよう，活動の意義やねらいについて，
教職員，子ども，保護者が共通理解をもつことが大切です。教職員間で話し合
いながら目指すべき姿を確認し，子どもたちに共に活動することの意味や目的
をしっかりと伝えていきます。保護者にも活動の目的を伝えた上で，具体的な
活動の様子について定期的に知らせ，理解が得られるようにしていきます。

STEP 3 障害者理解に関する教育を充実させる

　平成28年4月に「障害者差別解消法」が施行され，障害のある人とない人
が互いを理解し合っていく「共生社会」がより求められています。小学校にお
いては，特別の教科 道徳，総合的な学習の時間，特別活動等で障害者理解に関
する教育が行われています。交流及び共同学習と関連させながら，相互理解を
深められるような活動を，他の教職員と協力して設定していきます。ときには，
支援学級の担任として，障害や支援ツールについて具体的な話をすることもあ
ります。校内の状況や在籍している子どもの実態を踏まえながら，説明の内容
を精査したり授業の進め方を通常学級担任と相談したりすることも必要です。

通常学級　**支援学級**　通級指導教室　特別支援学校

校内の特別支援学級間の連携

Q 校内には障害種の異なる支援学級しかありません

はじめての支援学級，一人で5人の子どもを
担任するの不安だな……。

校内には障害種の違う支援学級しか
ないし，連携は無理だよね？

交流学級での様子も見に行きたいけど，
支援学級での授業があって難しいなあ。

アプローチのポイント

👍 チームをつくり，できることを広げる

　校内に複数の支援学級があるなら，同じ障害種はもちろん，障害種別の枠を
越えてチームを組み，定期的に打ち合わせや情報交流を行いましょう。また，
通常学級も含めた「学年団」（同じ学年の複数学級のグループ），「ブロック」（複
数学年のグループ）の会議に参加して支援学級在籍の子どもの配慮をお願いし
たり，学習進度の確認をしたりすることもできます。

👍 複数の教師による話し合いで課題解決にあたる

　「子どもの実態把握」「授業づくり」「評価」を複数の教師の視点で話し合うこ
とができる環境を整えましょう。他の学級での指導方法が有効だったり，別の
教師の子どもへの対応が支援の手がかりになったりするため，重要です。

STEP1 個別の指導計画を共有し合う等，連携を重ねる

　実態把握や目標の設定，支援の手立てを支援学級の教師や補助指導員等，複数の視点で検討できるのは大きなメリットです。子どもの実態を共有し合い，日常的に連携することで，より実践的な研修にも繋がります。障害種を越えて行うと指導法が広がり，教材・教具の共有等も可能になることがあります。

STEP2 交流及び共同学習での支援を学級の分け隔てなく行う

　担当者間で個々の必要な支援について情報共有しておくことで，一人の教師が複数の子どもの支援を行うことができます。子どもの状態にもよりますが，担当者以外の支援も受け入れられると子どもの活動の幅が広がります。そのためにも，補助指導員も含め，支援学級全体での方針を全員で確認しておく必要があります。

STEP3 情報共有をしっかり行って合同授業をする

　学級通信の回覧や定期的な打ち合わせ等で，各学級がどんな活動をしているのか共有しましょう。「これなら一緒に学習できるかも」と思える授業が見つかるかも知れません。調理学習，お楽しみ会等で一緒に活動したり，教科の学習や自立活動を合同で行ったりする等，子どもの実態に応じて連携しやすい方法を検討します。障害種別が違っても日常的に合同授業を行うことで，子ども同士の関わりを広げることができます。また，一人では難しい校外学習や役割演技のある授業ができる等，授業の幅も広がります。

+α こんな方法も！
支援学級から特別支援教育を発信する

　学級通信の全職員配布や授業の公開等を積極的に行いましょう。通常学級で困っている子どもの支援や指導のヒントになるかも知れません。支援学級から特別支援教育を発信していきましょう。

地域連携

Q 校外の関係機関との連携の仕方を教えてください

関係機関との連携が大切と聞くけど，
どう進めればよいか分からない……。

関係機関といっても，
どんなところがあるかな？

子どもにとって本当に役立つのだろうか。

アプローチのポイント

👍「社会参加」を目指した支援を行う

　特別支援教育では，関係機関等と連携した，地域のネットワークづくりが大切です。子どもが卒業してから社会自立するまでの姿を想像してみると，学校だけでできることは少ないことが分かります。子どもの自立・社会参加に向け，地域の資源を有効活用するという視点で連携を進めましょう。

👍 子どもがすでに繋がっている関係機関と連絡を取り合う

　医療機関を定期的に受診していたり，児童デイサービス等の福祉サービスを利用したりしている子どもは少なくありません。すでにある繋がりは大いに生かしましょう。連絡の際は，必ず保護者の同意を得てから行うように注意します。

アプローチの実際

STEP 1 地域の医療・支援機関や支援団体について調べる

支援学級に在籍する子どもが関わる主な機関は以下の通りです。

医療関係	発達専門の小児科，思春期外来のある精神・神経内科
福祉関係	放課後等デイサービス
行政関係	児童相談所，児童発達支援センター
教育関係	地域のこども園，各種学校，特別支援学校，特別支援教育センター，フリースクール
その他	親の会，ボランティアサークル

定期受診している医療機関に学校での様子を伝えたり，作業療法や言語療法を受けている場合には見学の相談をしたりします。放課後等デイサービスの見学や支援計画の共有も参考になります。また近隣の幼稚園や保育所，進学先の中学校や高等学校，特別支援学校等の授業を見ることで，地域で生活している子どもをより具体的にイメージできるので，参観日や研究会への参加等がお勧めです。子どものよりよい成長のためにどんな連携が必要か検討を進めましょう。

STEP 2 特別支援学校を活用する

特別支援学校では，特別支援教育のセンター的機能の1つとして地域の教育機関に助言・援助を行っています。授業や子どもの様子を見てもらい，アドバイスをもらうことができます。指導や支援の改善方法，教室環境のつくり方，教材教具の使い方，地域の支援機関の活用の仕方等も教えてくれるので，まずは相談してみましょう。

STEP 3 支援の方向性の確認と役割分担の検討をする

連携する関係機関が確認できたら，個別の教育支援計画等を活用し，支援の方向性の確認とそれぞれの役割分担について，関係機関や保護者と話し合いましょう。地域と保護者，学校がスクラムを組んで子どもの育ちを支えるイメージです。保護者面談等で関係機関のスタッフに同席してもらう，関係機関の利用時に教師が同席させてもらう等，保護者や関係機関とも相談し，実施しやすい方法で行いましょう。

通常学級 | **支援学級** | 通級指導教室 | 特別支援学校

幼保小中連携

Q 保護者から，進学先の中学校のことを聞かれました

娘の進学する中学校にも，支援学級はありますか？
そこではどんな勉強をしていますか？

まだ，小学4年生だし，
急がなくてもいいのでは？
でも中学校ってどんなこと
をしているんだろう……。

アプローチのポイント

👍 地域で育つ子どもたちの支援を繋ぎ，生かす

　保育園や幼稚園等では，それぞれに特色ある活動を行っています。子どもが育ってきた環境での取組みが，これからの支援や指導のヒントになります。

　また，卒業後を見据えた支援や指導を考えたとき，地域の進学先や就労の場，そこで生活している先輩たちの様子は大変参考になります。

👍 切れ目ない支援体制を構築する

　幼保小中の連携は，切れ目ない支援体制の構築に直接繋がるものです。連携を進めることで，支援者は子どもを直接知ることができ，子どもは進学先への見通しをもつことができます。

アプローチの実際

STEP 1 入学時・卒業時の引継ぎで，子どもの学びを繋ぐ

引継ぎは，これまで・これからの支援者や子ども，場所，活動の様子を知ることのできるチャンスです。進学の場合，子どもや保護者と進学先の見学会をするのもよいでしょう。教師だけなら地域の学校や保育所，幼稚園等の見学は比較的取り組みやすいです。参観日や公開授業に参加する方法もあります。まず教師自身が地域を知り，地域で生きる子どもを具体的にイメージすることが大切です。進学先への引継ぎでは，個別の教育支援計画・個別の指導計画を活用するとともに引き継いでほしいことを保護者から丁寧に聞き取りましょう。

STEP 2 授業交流を企画し，連携のきっかけをつくる

地域によっては互いの学校で授業や交流をする仕組みが整備されています。仕組みがない場合でも，小中の支援学級同士の合同授業は取り組みやすいです。収穫祭やお楽しみ会に招待する形で声をかけて
みましょう。大掛かりでなく，長く続けられる交流を目指すのがポイントです。互いの授業にゲストとして参加したり文化祭等の行事を機に交流したりする方法もあります。

STEP 3 年間のスケジュールに組み込み，支援体制構築に繋げる

授業見学や授業交流に取り組んでも，担当教師の個人的な繋がりだけの連携では，担当者が変われば途絶えてしまいます。交流を続けたいという思いを共有できたら，学校の年間計画に組み込んでいきましょう。継続できる交流システムは，子どもはもちろん，保護者も教師も地域での育ちに見通しをもつことができ，切れ目ない支援体制の構築にも役立ちます。

> **これも忘れずに！**
> **+α 就学時検診や体験入学に支援学級担任が参加し，気になる子どもを見守る**
> 幼稚園等から支援学級に入級予定の子がいない場合でも，就学時検診や体験入学に参加し，様々な子どもの様子を多面的に観察しましょう。

17

通常学級 支援学級 **通級指導教室** 特別支援学校

通級指導教室

Q はじめて通級指導教室の担任になり，不安です

前の学校では，通級指導教室はなく，
利用している子もいなかったから，
分からないことばかり……。

通常学級担任と連携を図るって
言うけど，どうすればいいのだろう。

子どもが気になることを話して
くれたけど，担任にも伝えた方が
いいのかな?

アプローチのポイント

👍 **通級指導教室で子どもの困り感の改善・軽減を目指す**

　通級指導教室には，通常学級に在籍し，聴力，視力，身体の動き，学習，こ
とば，友人関係等に困り感を感じている子どもが来室します。困り感の要因や
考えられる障害特性，子ども一人一人の思いを理解し，通級指導教室で困り感
の改善や軽減を目指し，できることが増えるように支援します。

👍 **子どものよさを伸ばせるように支援者間で情報交換を行う**

　「在籍学級と通級指導教室での様子が違う」ということがよくあります。それ
ぞれの場で子どものよさを伸ばし，困り感を軽減していくために，保護者・担
任と情報交換し，本人の意思を尊重しながら支援方法を検討していくことが大
切です。

STEP 1 無理なく，継続できる方法で担任と繋がる

　支援する子どもが他校の通常学級に在籍している場合は，担任との連携が難しいですが，電話，メール，手紙等，個人情報に配慮しながら，負担にならない方法を選択して連携を続けます。連携法の１つとして，出席カード（連絡帳）の活用があります。通級指導教室での学習内容を書き込むことで取組みを知ってもらいましょう。また，在籍校の特別支援コーディネーターとも情報交換すると，より子どもの様子を知ることができます。

STEP 2 通級指導教室の参観や在籍校訪問で理解を深める

　通級指導の様子を在籍学級の担任に見に来てもらうと，子どもの様子を知ってもらうよい機会になります。在籍校訪問では，子どもが毎日過ごしている教室を見ることで，必要な配慮を一緒に考えることができます。例えば，聞こえ方や見え方に困り感がある場合，座席の場所や掲示物の配置の仕方についての配慮事項を検討する，等です。

STEP 3 具体的な配慮事項を在籍学級の担任と話し合う

　苦手意識が強く，自信を失っている子どもの場合，意図的に成功体験を増やすことが重要です。例えば算数で，計算の単元以外では電卓の使用を認められないか等，在籍学級の担任と支援方法を話し合うことが考えられます。また発音の誤りがある子の場合，子どもの話したことを担任が復唱し，子どもが正しい発音を聞くことのできる機会を増やす等の配慮や支援方法を具体的に確認します。

＋α これも忘れずに！
退級を検討するときは，必ず在籍学級の担任と慎重に相談する

　「困り感が改善された＝退級」ではありません。通級指導教室で自分らしさを表出することで，心のバランスをとっている場合があります。そのため，退級は在籍学級や家庭での様子を聞いて慎重に判断します。また，退級後もいつでも相談できる支援者でいることが子どもの安心感に繋がります。

引用文献 ・・

●国立教育政策研究所 生徒指導・進路指導研究センター（2012）．生徒指導リーフ 生徒指導って，何？Leaf.1.

参考文献 ・・

●青山眞二・五十嵐靖夫・小野寺基史編（2009）．発達障害児へのピンポイント指導〜行動を解釈し，個に応じた指導を編み出す〜　明治図書.

●上野一彦監修，岡田智・森村美和子・中村敏秀（2012）．特別支援教育をサポートする図解よくわかるソーシャルスキルトレーニング（SST）実例集　ナツメ社.

●小野寺基史・青山眞二・五十嵐靖夫編著（2014）．デキる「特別支援教育コーディネーター」になるための 30 レッスン＆ワークショップ事例集　明治図書.

●加藤康紀（2015）．はじめての通級これからの通級 通級指導教室担任あるある Q＆A　学研プラス.

●国立教育政策研究所生徒指導・進路指導研究センター（2018）．キャリア教育リーフレットシリーズ特別編 キャリア・パスポート特別編 1 キャリア・パスポートって何だろう？.

●笹田哲監修（2015）．入学前からはじめよう発達が気になる子の「できる」を増やすからだ遊び　小学館.

●佐藤曉（2008）．特別支援教育コーディネーターの手引き　東洋館出版社.

●佐藤曉（2012）．入門特別支援学級の学級づくりと授業づくり　学研プラス.

●全日本特別支援教育研究連盟編，木内洋子責任編集（2013）．特別支援教育 学級経営 12 か月 特別支援学級　東洋館出版社.

●髙川康（2017）．クイズで学ぶことばの教室 基本の「キ」　学苑社.

●藤田和弘・青山真二・熊谷恵子編著（1998）．長所活用型指導で子どもが変わる　図書文化.

●藤田和弘監修，熊谷恵子・青山真二編著（2000）．長所活用型指導で子どもが変わる Part2　図書文化.

●文部科学省・厚生労働省（2008）．障害のある子どものための地域における相談支援体制整備ガイドライン（試案）.

●文部科学省（2010）．生徒指導提要.

第4章 特別支援学校における課題

特別支援学校には、小・中学部、小中併設高等部、職業学科や職業コースの高等部が設置され、多様な実態の子どもたちの教育的ニーズへの対応が求められています。

小学部ではスキルの向上を目指したボトムアップの視点、高等部では卒業後に必要となる力の育成を目指したトップダウンの視点で指導が行われます。

本章では第1節「指導内容と評価」、第2節「具体的指導内容と方法」、第3節「指導体制」の3パートで整理し、課題解決のアイデアを紹介します。

1

通常学級　　支援学級　　通級指導教室　**特別支援学校**

知的障害教育における教育課程

Q 特別支援学校の時間割が普通学校と違うのはなぜですか

知的障害の特別支援学校では，小・中学校と違って，学校によって時間割が大きく異なるのはどうしてだろう？

「各教科等を合わせた指導」の「合わせた」が，具体的にイメージできない……。

アプローチのポイント

👉 教育課程編成の規定を押さえ，子どものニーズに即し指導する

　知的障害の特別支援学校では，障害のある子ども一人一人の教育的ニーズに応じるため，各学校で弾力的な教育課程の編成が可能となっています。各教科，道徳科，特別活動，自立活動，総合的な学習の時間（中学部。高等部は総合的な探究の時間）の他，特に必要な場合は「各教科等を合わせた指導」を教育課程に位置付けることが可能です。各教科等の授業時数も各学校で適切に定めるものとされています。

　また，障害の状態により必要がある場合，例えば高等部において，中学部または小学部の各教科の目標や内容の一部に替えられる等，重複障害者等に関する教育課程の取扱いが規定されています。

アプローチの実際

STEP 1 学習上の特性に応じて各教科等を合わせた指導を行う

　知的障害のある子どもには，知識や技能が断片的になりやすい，生活の場で応用されにくい，実際的な生活経験が不足しがちである，という学習上の特性があります。そのため，実際的・具体的な内容の指導である各教科等を合わせた指導が効果的と考えられているのです。子どもの年齢や学習状況，経験を踏まえながら，学習活動が生活や学習に即した文脈となるように指導計画を立案します。また，各教科等を合わせた指導においても，各教科等の目標や内容が取り扱われることを押さえましょう。

表 4-1　取り扱われる目標や内容の例

小学部 　生活単元学習 　「買い物・調理」	文字を読む，買い物メモを書く（国語） お金の計算，手順表の順序の理解（算数） 金銭の扱い，お店の利用，手伝い・仕事（生活）
中学部 　作業学習 　「畑作業」	働くことの意義，安全・衛生（職業・家庭） 実習日誌を書く，成果を発表し合う（国語） 作物を数える，計量する（数学）　植物の成長（理科）

STEP 2 教科別の指導も生活で生かせる力を育む視点で指導する

　教科別の学習も，生活の中で生かせるよう学びの意義や目的が分かる具体的な学習活動の展開が大切です。例えばお金の計算問題を学習しても，生活で生かされなければ意味がありません。実物の硬貨を操作する学習を取り入れる等，実際的な学習を計画しましょう。また，教科の学習でお金の数量関係が身についたら，生活単元学習で買い物学習を計画し，実際にお店で支払いをすると，生きた学びに繋げられます。財布を持ったままお金を取り出す動作が加わることで，自立活動の指導内容の要素が加わる子もいるかもしれません。

　このように「教科別の指導」と「各教科等を合わせた指導」とを関連付けながら，学んだことが発揮される教育課程を各学校や地域の実態等に応じて編成することが重要です。

2

通常学級　支援学級　通級指導教室　**特別支援学校**

個別の教育支援計画と個別の指導計画の違い

Ｑ 計画を，２つも立てるのはなぜですか

「個別の教育支援計画」と「個別の指導計画」，
似たような名前だけど，何が違うんだろう？

２つは，どこで，どのように
使えばいいの？

アプローチのポイント

👍 それぞれの計画の特徴を整理して作成にあたる

・個別の教育支援計画の特徴

　障害のある子どもを生涯にわたって支援するという長期的な視点に立ち，保護者と関係機関（教育，医療，福祉，労働等）が連携して支援を効果的に実施するための，学校の教育活動に限らない，本人を取り巻く支援の計画です。

・個別の指導計画の特徴

　一人一人の障害に応じたきめ細かな指導が行えるよう，子どもの教育的ニーズに応じて学習における指導目標や内容，方法を盛り込んだ計画です。一般的には教育課程に基づく単年度の個別の計画となります。

アプローチの実際

STEP 1 長期的な視点から個別の教育支援計画を作成する

　特別な教育的支援が必要と判断される子を対象に，本人・保護者の同意を得て関係機関等と連携して作成します。作成・管理方法は学校の実情で異なることがありますが，基本的には保護者主体で作成します。学校・保護者が保管し活用することで，生涯に渡って子どもと関係機関を繋ぐツールとなります。

『個別の教育支援計画』記載内容（例）
1. プロフィール（氏名・住所・連絡先・障害名や診断名・家族構成・連携機関・療育歴や学歴・障害による具体的な困難・本人および保護者の希望）
2. 支援の目標と内容，評価（長期目標：３年程度，短期目標：１年程度）

STEP 2 きめ細かい指導のために個別の指導計画を作成する

　特別支援学校・支援学級・通級による指導を受けている子を対象に，指導の目標や手立てを担任が中心となって作成します（通常学級在籍の障害のある子にも，作成し活用に努めることとなっています）。学校の教育活動で使われる計画です。

『個別の指導計画』記載内容（例）
1. 基本情報（学校名・校長名・担任名・本人の氏名）
2. 実態（障害名・諸検査の結果・基本的な生活習慣・本人の強み・苦手等）
3. 各教科等や自立活動の目標及び手立てと評価

+α これも忘れずに！
複数の支援者の連携・引継ぎツールとして効果的に活用する

　個別の教育支援計画は主に保護者や関係機関との連携のツールとして，個別の指導計画は学校内や学校間の引継ぎのツールとして活用されます。この視点をもって作成することが大事です。曖昧な目標や評価では次の目標設定や支援に繋がらないため，具体的に記述しましょう。例えば高等部から社会への移行では就労支援と卒業後の生活支援（グループホームでの生活等）に繋ぐための進路移行のツールにもなります。進路先での生活，余暇の過ごし方，卒業後に利用する医療や福祉等も個別の教育支援計画で考えましょう。

③ 生活に根ざした学習指導

通常学級　支援学級　通級指導教室　**特別支援学校**

Q 生活場面で活用できる学習とはどんな学習でしょうか

小6のユキさん，自分の名前の6字を読めるようになりました。
中・高と学習を続けて，平仮名50音を読めるようになってほしいです。

50音を読めると，生活の中で何ができるようになりますか？

ええっと……。

アプローチのポイント

👍 **生活場面で「何ができるようになるか」想定して指導にあたる**

　「生活に根ざす」を考える上で大切なのは，「生きる力」です。そして，学習指導要領解説でも触れられている「よりよい社会と幸福な人生を切り開き，未来の創り手となる」です。学習指導要領に載っている内容を，単に知識や技能として身につけるだけでなく，生活場面でも活用できる「生きて働く知識（技能）」として形成していくことが重要となります。

　「50音を読めると，好きな本を自分で読むことの第一歩になる」等，学習が生活場面でどう生かされるかを具体的に想定することが，生活に根ざした学習指導の基本です。

STEP 1 具体的生活スキルを見据えて指導目標を考える

「平仮名 50 音を読むことができる」という目標自体は間違っていません。あとはその意味付けがあるかどうかです。意味付けは「目的（長期的・最終的なゴール）」ともいえます。文字を読めるようになることが子どもにとってなぜ必要なのか。生活場面で「何ができるようになるか」を具体的に考えましょう。

例：本を読んで楽しむために，平仮名 50 音が読めるようになる

STEP 2 具体的生活スキルの視点で指導内容を考える

指導内容を考える際も生活場面で「何ができるようになるか」の視点が大切です。実態把握を行い，具体的生活スキルを見据えた指導目標をもとに指導内容を整理することが，生活に根ざした学習指導に繋がります。「本を読んで楽しめるようになる」という目的を意識すると，「平仮名 50 音が読める」「語彙が増える」等多くの目標が見つかり，達成のために必要な指導内容が整理できます。

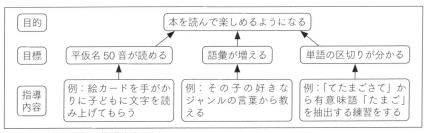

図 4-1　目的・目標・指導内容の例

STEP 3 どんな支援があれば生活の中で実践できるかを考える

最後は，子どもが「生活場面でできる姿」を具体的に想像することです。見えてきた必要な指導内容を，子どもの実態や残りの指導期間等と照らし合わせ，「できる」をポイントにして考えるとよいです。

例：教師のコメントを理解する→短い文に絵が描かれたメモを読み理解する

　　本を読んで楽しむ→絵が中心の 2 ～ 3 語文の本を読んで楽しむ

4

知的障害教育における自立活動の指導

Q 授業中姿勢が崩れやすい子をサポートしたいのですが

学級に，授業中姿勢が崩れやすい子や，手先が不器用な子が多い気がします……。

それでは，自立活動の指導として，サポートを考えてみてはいかがでしょう。

なるほど。まず実態把握から始めたいと思います。

アプローチのポイント

👍 調和的発達の基盤を培う視点で，自立活動の指導を行う

　知的障害がある場合，全般的な知的発達の程度や適応行動の遅れが見られます。その中でも特に，言語，運動，動作，情緒，行動の特定の分野に顕著な発達の遅れが見られます。そのような状態による困難の改善を図るために，自立活動の指導を行います。

　冒頭の事例のような姿勢の崩れや不器用さは，学習上又は生活上の困難と捉えられます。よい姿勢を保てるようになると，学習に集中しやすくなり，手を使った活動にも取り組みやすくなります。

　自立活動の指導が，各教科等において育まれる資質・能力を支える役割を担っています。

アプローチの実際

STEP 1 子どもの困難の背景を考える

困難の背景には，環境の影響と，その子の特性の2つが考えられます。

・**環境の影響**……使う道具（冒頭の事例では，椅子や机）が合っていない。

　→椅子と机の理想の高さは，ちょうど両足が床に接地し肘が机に乗るくらい

　　の高さです。奥行きは椅子と膝裏の間に指が2〜3本入る程度に調整します。

・**その子の特性**……筋肉や関節の動きを感じとる「固有感覚」
や，身体のバランスをとる「平衡感覚」，触れたものを識別
したり危険を察知したりする「触覚」がうまく働いていない
ため，姿勢をコントロールする力や手の機能が育っていない。

　→うまく働いていない感覚をフォローする工夫や，刺激する

　　運動を取り入れる必要があります。

STEP 2 子どもが自分で姿勢に注意できるような工夫をする

柔らかすぎるソファーよりも座骨に体重がのっていることが分かる程度の固さの座面にしたり，座面に滑り止めマットを敷いたりすることで，お尻や背中の感覚を意識しやすくします。椅子の足に棒を取り付け，足置きを作ると自然と足の位置が整います。また，両手を机の上に出すように促し，使わない方の手も支えや押さえ等で動作に参加できるようにします。

STEP 3 感覚を刺激する運動や遊びを通して筋肉を働かせる

固有感覚，平衡感覚，触覚を刺激する運動や遊びを取り入れます。バランスボールに座って足を浮かせる・ブランコやすべり台・トランポリン等全身を使った活動は，姿勢を保持するための筋肉を働かせることができます。鉄棒にぶら下がる・スクーターボードを使ってうつぶせで動く・手押し車・雑巾がけ等の手や腕を使った活動は，肩や肘，手首の関節や腕の筋肉を働かせることができます。手先の細かい動きを目指すには，粘土遊び・新聞ちぎり等しっかり手のひらで支える，押す，握る動作が入る遊びを経験していきます。

5

通常学級　　支援学級　　通級指導教室　**特別支援学校**

実態差の大きい学級指導の工夫

Q 学級の中で，役割分担が偏ってしまっています

> できる子ばかりに学級の係活動を
> させてしまっているな……。

> 学級の子ども同士の関わりも少ない。
> 実態が大きく違うし，
> どう交流を促したらいいんだろう？

アプローチのポイント

👍 子ども一人一人の実態に合わせ，学級内の役割分担を工夫する

　均等に役割を設定することは難しいですが，可能な限りすべての子どもが役割をもって活動に参加できる工夫を考えましょう。支援の少ない子どもができること，支援が多く必要な子どもができることを整理し，学級内の活動の中で役割分担をします。

👍 互いを認め合う学級づくりを行う

　役割分担する中で，子どもたちが互いに助け合える活動場面を設定します。また教師の言葉かけによって，互いの活動の様子を知らせたり，見守ることを促したりすることで，互いに認め合い，尊重できる学級づくりの土台を築いていきます。

アプローチの実際

STEP 1 子ども一人一人のアセスメントをもとに活動を考える

子どもの実態把握と個別の指導計画の目標から，学級内でそれぞれの子にどのような活動に取り組んでもらうかを考えます。身体的な側面，認知的な側面，対人的な側面等，多面的な視点で捉えます。

STEP 2 実態に応じた役割分担をし，全員で取り組めるようにする

例えば給食の時間では以下のような活動と，役割分担が考えられます。

---

①全員の机を台拭きで拭く……支援が多く必要な子ども
②給食の配膳をする　③机に給食を配る　④後片付けをする……支援の少ない子ども
⑤後片付け後の食器かごを教師と一緒に給食室に運ぶ……支援が多く必要な子ども

1つの指導場面での役割分担を明確にし，すべての子が活動に参加できるようにします。そして自分の役割が終わったら次の活動をする子に報告させる等して，全員が協力し合うことで活動を遂行できるようにします。他にも教材を学級の子に届ける活動や，手助けされたときにお礼を言う（または身振りや発声でお礼の気持ちを伝える）場面を設定すると，子ども同士の関わりが増えて関係性が深まったり，相手を認め尊重する気持ちが生まれたりします。

STEP 3 一人一人のがんばりを伝え，認め合う学級づくりを行う

学級内では，支援の少ない子が，支援を多く必要とする子を軽んじてしまうことがあります。支援を多く必要とする子への教師の何気ない言葉かけや接し方でその気持ちを助長させてしまうことがあり，配慮が必要です。

互いに認め合い尊重できる学級をつくるために，みんなの前で子どもをほめるときは，特定の子ばかりほめるのではなく，学級全員に満遍なく行うようにします。一度に全員をほめることは難しいので，場面ごとにそれぞれの子どものよさを捉えて,「〇さんはこれをして偉いね」等と言葉をかけましょう。また,「〇さんはこれをがんばっているね」等，達成できたことだけでなく，がんばりを認める言葉かけをすると，子ども同士が応援・協力し合う風土を学級に醸成することができます。

6

通常学級　　支援学級　　通級指導教室　**特別支援学校**

実態差の大きい学習集団への学習指導の工夫

Q すべての子どもが参加できる授業づくりが難しいです

> 同学年の子が一斉参加する授業で，
> 支援が多く必要な子，集団参加が苦手な子，
> みんなが参加するにはどうすればよいかな？

> 集団授業で，子どもの
> 個別の指導計画の目標を意識すると，
> 一人では指導しきれないなあ。

アプローチのポイント

👍 子どもが少しでも学習に参加できる場面を設ける

　授業のすべてに参加することが難しい子どもがいるかもしれません。そうした場合，授業の中に，少しでも参加できる場面を設定できるよう工夫しましょう。

👍 ティーム・ティーチング（TT）で連携する

　特別支援学校ではほとんどの授業が TT で行われています。そのため，メインティーチャー（MT）とサブティーチャー（ST）の役割分担を明確にし，より効果的な授業に繋げます。MT 一人ですべての子どもの指導・支援・評価をするわけではありません。MT と ST で連携して個別の指導計画の目標の達成を目指しましょう。

アプローチの実際

STEP 1 授業を工夫して，どの子どもも参加できる場面を設定する

　どの子も授業に無理なく参加できるようにするため，多様な実態の子どもに対応できる手立てを事前に複数検討します。以下のような方法が考えられます。

・子ども全員が順番に取り組む（参加が難しい子どもに，実態に応じて参加や休憩ができる時間を設定する）。

・子どもの実態によって，参加する回数や参加時間を事前に約束する。

・事前に終わりを明確に伝える（どこまでできれば終了となるか，回数，時間，個数等子どもの実態に応じて明確にする）。

・指示や活動内容を，順序立てて明確に伝える（1つ目○○をする。2つ目□□をする。3つ目△△をする等，分かりやすい言葉で伝える）。

・子どもの指示理解の程度を，子どもの行動によって把握する。できていない点は，適宜サポートする。

STEP 2 ティーム・ティーチングで役割分担し効果的な支援に繋げる

　MT一人ですべての子どもの指導・支援をするわけではありません。STと役割分担を明確にしてチームで授業や指導にあたりましょう。役割分担するための具体例を記載します。

・個別の指導計画の評価者を明確にする

　各教科等のMTが年度初めや学期初めに，個別の指導計画の評価者を明確にすることで役割分担ができます。役割分担をすることで，個別の指導計画の目標達成に向けた指導者が明確になります。

・学習指導略案にSTの役割を記載する

　「子どもの出来具合や参加の程度によって適宜，促しやサポートをお願いします」や「子どもがスクリーンに注目できるように促しをお願いします」，「授業の進行に補助教員2名のお手伝いをお願いします」等，指導略案に具体的に記載することで，STの役割を明確にすることができます。

通常学級 支援学級 通級指導教室 **特別支援学校**

知的障害教育における学力の保障

Q 育成を目指す資質・能力を具体化できず困っています

うちの子の学力は
ちゃんとつけてくれるのでしょうか?

知的障害のある子どもの担任に
なったけれど, どうやって
指導をすればいいのだろう?

アプローチのポイント

👉 教科学習だけにとどまらず, 広く「学力」を捉える

「学力」というと, テストで測られる教科学習によって習得した知識や技能がイメージされやすいですが, 知的障害教育の「学力」は, 単に教科を学習して身につくものだけではなく, 自立し社会参加するために必要な力と捉える必要があります。子どもが将来, 自分のもつ可能性や能力を最大限に発揮し, 生き生きと生活する姿をイメージしながら, どのような学びが必要か検討します。

👉 各指導の形態にどのように指導内容を入れるか検討する

指導する内容を時間割にどのように組み入れていくか, 教科横断的な視点で検討します。特に必要がある場合には, 各教科等を合わせて指導することも検討します。

アプローチの実際

STEP 1 自立するために必要な力と考え，資質・能力を整理する

　知的障害教育における学力を自立するために必要な力と考え，そのために必要な「育成を目指す資質・能力（「知識及び技能」「思考力，判断力，表現力等」「学びに向かう力，人間性等」）」について整理し，具体的にする必要があります。

　例えば調理を扱う学習において，「知識及び技能」は，食材や調理器具の名前や扱い方，調理方法・手順を理解し，実践できることです。「思考力，判断力，表現力等」では，自分や誰かが食べるための味付けや盛り付けの工夫ができること，「学びに向かう力，人間性等」は，次の学習に向けて自らアイデアを表出できること等です。生活に生かされる力をバランスよく育成するための目標を立てて指導し，それらを見取るサイクルを通して，学力の向上に繋げます。

STEP 2 指導の形態について検討する

　子ども一人一人の障害の状態により，学習指導要領に示された知的障害がある子どもに指導する各教科をもとに「教科別」に指導を行うか，「各教科等を合わせた指導」を行うか決めます。例えば調理を扱う学習の場合「職業・家庭科（中学部）」や「家庭科（高等部）」の教科を通して学ぶことを検討します。「職業・家庭科」の家庭分野では，電子レンジ等身近な調理器具を用いた短時間かつ単純な工程でできる「調理の基礎」等を学びます。「家庭科」では衣食住の生活の学習の中で一日の献立を立てる学習をしたり，日常食の調理を学んだりする中で生鮮食品の見分け方や安全と衛生に留意した調理の仕方等も学びます。

　小学部等で各教科等を合わせた指導の「生活単元学習」で調理を扱う場合，会食を計画し，招待状の作成，作り方の調べ学習，公共交通機関の使用を含む買い物学習，調理学習，パーティーの開催等の流れで学習単元を計画します。生活，国語，算数等の各教科等を合わせることで，自立や社会参加に必要な力を実際的・総合的に学習することが可能になります。

　知的障害の状態や経験等に応じて具体的に指導内容を検討し，何がどこまでできればよいかという目標を設定し，指導内容に適した時数を配置します。

長期目標と短期目標

Q 指導目標の設定で，気を付けるべきことは何ですか

個別の指導計画を作成しています。国語では，平仮名を読むことを目標にします！

短期（半年），長期（1 年）では，どれくらい読めるようになりそうですか？

え，どれくらいだろう？　読める文字を増やせるよう，指導をがんばりたいですが……。

アプローチのポイント

👍 目標に到達するまでの過程を大切にする

　日々の学習を充実させるために目標を定め，計画を作成します。目標は計画の一部であり，目標を設定して終わりではなく，目標にたどり着くまでの過程，指導の整理をしっかり行うことで，適切な目標設定とその達成に繋がります。

👍 目標の先にある最終的なゴール＝「目的」を明らかにする

　目標を設定し，学習を行うにあたり，その「目的」を明らかにする必要があります。身についた力が，子どもの幸せな人生にどのように結びつくのか。「生活場面で○○ができるようになる」と，具体的に考えると分かりやすく，おのずと目標の具体性も高まります（第 4 章 1 の 3 節参照）。

STEP 1 具体的な目的を意識して長期目標を設定する

　目標を設定する際の基本的な流れとして，昨年までの引継ぎを受け，自分の目で実態を確かめ，指導期間等を踏まえ，目標を設定することとなります。1年後，もしくは数年後には違う教師が引継ぎ，指導を行います。子どもにとって継続性のある指導に繋げるためにも，長期目標を設定する際には，具体的な目的を明らかにすることが大切になります。

例：　目的　絵本が好きなので，将来簡単な絵本を自分で読んで楽しめるようになる

　　　そのために　長期目標（1年後）　平仮名を30字程度読めるようになる

STEP 2 2つのポイントを意識して短期目標を設定する

　短期目標の設定も，子どもの実態把握を行い目的を見据えた上で，最善の指導方法のもと「数ヶ月後」に到達する姿を想定することが基本です。短期目標の設定のポイントは2つです。1つは短期目標に達するまでの指導回数や1回の指導で学べる時間を具体的に想定すること。もう1つは短期目標を数値や具体例，支援の内容や量等で表すことです。この2点を意識することで，指導の整理・充実に繋がります。

例：　短期目標　（指導期間4ヶ月間・週2回＜各40分＞計32回）

　　　「読める平仮名を20個増やす（数値）」

　　　→絵と文字が書かれたカードを提示して教師と一緒に読む。少しずつ絵を隠したり，教師が読み上げる声を小さくしたりする。（支援の内容や量）

STEP 3 目標を適宜確認・修正する

　目標は，必要に応じて修正し，次のよりよい指導へ進化させる必要があります。目標・指導の手立てが適切であったかを確認・修正するためには記録を残すことが重要です。特に，評価規準に照らして学習の過程でうまくいっていない点を記録しましょう。

知的障害教育における学習評価

Q 学習目標と学習評価を一体化するとは何ですか

子どもたちは静かに授業を受けているけれど，本当に身につく授業になっているかな？

知的障害教育における学習評価，どんなことに配慮が必要？

アプローチのポイント

👍 資質・能力を踏まえた目標設定と評価を行う

　育成すべき資質・能力を踏まえた学習目標の設定と学習評価を行うことによって，指導と学習の改善に繋がり，子どもにとって学びのある授業が可能になります。具体的には，「知識及び技能」「思考力，判断力，表現力等」「学びに向かう力，人間性等」の３つの柱から学習目標を設定し，それに合わせて３つの観点から学習状況の評価を行い，子どもの変容を多面的に捉えていきます。「どのように学び，何ができるようになったか」という学習プロセスを考慮しながら学習目標の設定と学習評価を行うとよいでしょう。

　なお，「学びに向かう力・人間性等」については，観点別学習状況の評価で見取る部分とそうでない部分がありますので「主体的に学習に取り組む態度」として捉えて評価していきます。

アプローチの実際

STEP 1 単元計画に基づいた評価計画を立てる

　単元や題材のまとまりを通して，最終的に何ができるようになるかという視点をもち，具体的な目標を設定しましょう。また単元の中で，知識・技能を習得する場面と，思考したり判断したりしながら，習得した知識・技能を活用する場面をどのように設定し，どのように評価するかも検討します。

STEP 2 評価規準を設定し，単元の節目で評価する

　表 4-2 は，文章化された評価規準の達成度合を見定めるための評価基準を表にしたものです。具体的な子どもの行動を文章で示した評価規準と「A できた /B 概ねできた /C できつつある」の３段階で示した評価基準を設けることで，単元を通して子どもが「どのように学び，何ができるようになったか」を丁寧に見取ることができます。単元の節目でこの見取りを行い，日々の授業・指導の改善に生かすことが大切です。例えば２〜３時で C がついた子がいた場合，単元の進め方を見直したり，個別に指導方法を変えたりすることを検討できるでしょう。

表 4-2　評価方法の例

観点と評価規準	1 時	2〜3 時	4〜5 時	6〜7 時	単元評価
【知識・技能】実際に歩く経験を通して距離と時間の関係を理解している。	B		B		B
【思考・判断・表現】距離（歩数）と時間の関係に気づき，移動の仕方を考えている。	B	B		A	B
【主体的に学習に取り組む態度】移動の仕方のポイントを理解し日常生活で生かそうとしている。			A	A	A

（評価基準　A：できた　B：概ねできた　C：できつつある）

STEP 3 できたかどうかだけでなく，どのようにできたかを大切にする

　「できたかどうか」という知識・技能を中心とした視点が多くなりがちですが，「どのように学び，何ができるようになったか」というプロセスに焦点を当てた学習評価が大切です。また「できつつあること」ができるようになるための貴重な検討材料であることも忘れないようにしましょう。

10

通常学級　　支援学級　　通級指導教室　**特別支援学校**

学部間の連携がなされた切れ目のない指導

Q 進学時に不安定になってしまう子を支援したいのですが

タケシさんは,新しい人や場所が苦手。
小学部から中学部の進学時には,
自傷行為を繰り返してしまった。

同じ学校に併設の高等部へ
進学予定だけど,どうしたら
安心してもらえるかな?

アプローチのポイント

👍 現状把握に努める

　これからの学校生活を安心して過ごすために,これまで取り組んできた支援内容や配慮事項を改めて見直し,整理する必要があります。家庭や関係機関と連携をしながら進めましょう。

👍 将来像を意識し,必要な支援を整理する

　卒業後の自立と社会参加を意識して,今取り組むべきことや,次の学部で取り組んでいくこと等をイメージし,保護者や関係機関と情報を共有しましょう。そこから今必要な支援内容や配慮事項を考えていきましょう。

アプローチの実際

STEP 1 必要な支援を整理し，個別の教育支援計画を共有する

　必要な支援内容や配慮事項を整理し，個別の教育支援計画を活用して保護者や関係機関等と共有しましょう。文部科学省（2012）が示す「学校における合理的配慮の観点（表 4-3）」を参考にすることで整理しやすくなります。

表 4-3　学校における合理的配慮の観点（3 観点 11 項目）

観点	項目
教育内容・方法	学習上又は生活上の困難を改善・克服するための配慮
	学習内容の変更・調整
	情報・コミュニケーション及び教材の配慮
	学習機会や体験の確保
	心理面・健康面の配慮
支援体制	専門性のある指導体制の整備
	幼児児童生徒，教職員，保護者，地域の理解啓発を図るための配慮
	災害時等の支援体制の整備
施設・設備	校内環境のバリアフリー化
	発達・障害の状態及び特性等に応じた指導ができる施設・設備の配慮
	災害時等への対応に必要な施設・設備の配慮

STEP 2 子どもが安心して学校生活を過ごせるように支援する

　整理した必要な支援を行います。特に「教育内容・方法」「施設・設備」に早めに取り組む必要があります。例えば見通しをもって学校生活を送るため，次の学習内容や一日の流れを事前に伝えることが考えられます。このとき，口頭だけでなく写真や絵で視覚的にも示す等，子どもの理解しやすい方法で行いましょう。他にも，不安になった際にカームダウンエリアへ移動したい旨を伝える手段を確認することも考えられます。

STEP 3 学部の枠を越えた積極的な取組みを行う

　支援体制の整備では，個別の教育支援計画をもとに，高等部の教師とも連携を図りましょう。例えば，一緒に高等部の授業に少しずつ参加することや，高等部のカームダウンエリアを利用していく等の積極的な取組みが考えられます。

将来の社会生活を想定した指導

Q 自分のやりたい作業にしか取り組まず，困っています

作業学習に意欲的でないアイさん，どう支援しよう?
保護者も卒業後に向け，前向きに取り組めるように
なってほしいと願っている……。

好きなアイドルの写真集を
見ているときは楽しそう。
この間「卒業後，働いて
欲しい物を自分で買いたい」
って話してくれたな。

アプローチのポイント

👍 将来の社会生活を想定し，意欲的に取り組めるよう支援する

　まず，子ども本人と相談し，無理なく取り組める作業の目標を設定することが大切です。そして，目標達成に向け意欲を喚起・維持できるような工夫を行いましょう。目標に向かう望ましい行動に取り組んだ際に報酬を得られるシステム（トークンエコノミーシステム等）が有効です。

　また，指導にあたり，家庭との連携が必須です。卒業後の社会生活を見据え，子どもにどんな力を育みたいか，また，そのための取組みについて家庭と共通理解を図り，協力をお願いするようにします。

STEP 1 本人と相談して，無理のない目標を設定する

冒頭の事例で言えば，本人が作業学習の中でがんばりたいことを聞き取ったり，将来の社会生活を想定しながら教師ががんばってほしいことを伝えたりし，「今より少しがんばれば達成できる」目標を設定します。また，目標は具体的で分かりやすいものになるよう工夫し，自分が何をがんばればよいのかを本人が理解して作業に取り組めるようにすることが大切です。

STEP 2 目標に向けて意欲を喚起・維持するための工夫を行う

作業の目標を達成できたときにポイント（トークン）を与え，一定数ポイントが貯まったら報酬がもらえるトークンエコノミーシステムの導入が有効な場合があります。子どもの実態に応じて貯めるポイント数を検討し，ポイントカードや表を準備します。本人にシステムの説明をし，一緒に報酬を決めることで，作業への意欲を高めることができます。作業後にポイントを与える際は，設定した目標を振り返り，よくできた部分を称賛するとより意欲を高められます。

また，目標をスモールステップで設定し，達成感を得ながら徐々にステップアップするシェイピングも有効です。少しでもよくなっている点を見逃さずにほめることが重要です。

STEP 3 保護者と連携して指導を進める

トークンエコノミーシステム等を導入する前に，目的や取組み方について保護者と共通理解を図ることが大切です。特に報酬について保護者の協力が必要な場合があります。報酬を何にするか，どう子どもに渡すかについて事前に保護者と話し合いましょう。卒業後の社会生活に向け，子どもにどのような成長を促したいか，長期的な視点で考えを保護者と共有することが効果的な指導に繋がります。

通常学級 支援学級 通級指導教室 **特別支援学校**

知的障害教育における職業教育

Ｑ 将来働くために学校で習得すべき力とは何ですか

世の中いろいろな職業があるけれど，学校で学ぶ学科は限られるよね。

希望する学科を履修できるとは限らないし。

学んだ職種と卒業後の進路も，必ずしもイコールじゃないよね。じゃあ，在学中に育てたい力って何だろう？

アプローチのポイント

👍 職業の専門性より，働くための準備性（レディネス）を高める

　特別支援学校（特に高等部）では職業教育の充実が図られています。職業教育の目標である「社会自立・職業自立」は働くことで実現の可能性が高まります。将来の職業選択は自由で，学校で学ぶ職種と異なる職業も含め，様々な可能性がありますが，まずは働くための基礎的な力を身につけることが先決です。

　その上で，各校の特徴を生かした，実践的かつ体験的な指導を行うことも重要です。各校で様々な学科（コース）が設置されており，子どもや保護者は，各校の特色や学び方の違い，進路の方向性等を理解して自分に合った学校選びをしているためです。卒業後の進路に向けて，例えば現場実習（産業現場等における実習）を行ったり，実習後の学びの評価を行い，具体的な課題を明らかにして，学校・家庭で連携しながら課題の克服に向けて取り組んだりすること等が考えられます。

STEP 1 職業教育の考え方を押さえる

　各学校では家政，農業，工業，流通・サービス，福祉等職業に関する学習活動を通じ，働くための基礎的な力や態度を育成します。職業理解を深め，適性を把握するため職業特性（専門性）にふれることもありますが，特定の職業の専門的な内容は就職後に職場で教わることがほとんどです。

　学科（コース）と就職先の関係では，例えば木工科所属でも木工の仕事に就くとは限りません。そのため，木工の仕事の専門性を高める指導というよりは，木工作業を通して安全性，丁寧さ，手順の理解，規則の厳守等，働くための基礎が身につくよう指導・支援します。

STEP 2 働き続けるための土台づくりを行う

　生活面や対人面等の課題は仕事に影響しやすく，長く働くための土台づくり（図4-2の基本的労働習慣まで）が必要です。まず，食事栄養管理や体調管理，服薬管理といった「健康管理」が重要です。次に基本的な生活リズムや金銭管理，余暇の過ごし方等の「日常生活管理」，

図 4-2　職業準備性ピラミッド
相澤（2007）をもとに一部改変して作成

挨拶やマナー，感情コントロール等の「対人技能」等を身につけられるようサポートします。「基本的労働習慣」は，報連相ができる，時間や職場の規則を守ることができる，一定時間仕事ができる体力があること等です。また課題を乗り越える力，将来を主体的に生きる源になる「働く意欲」を育てることも大切です。

STEP 3 学校の特色や学び方の違いを押さえて指導にあたる

　一般に「職業学科」では入学時に決定した学科を中心に学びます。「普通科職業コース制」では1つの職業に限定せず，幅広く柔軟に学びます。働く意欲や興味関心に重点を置いた指導が多いことも特徴です。どちらも職場で働く経験をしながら適性を把握し，自己選択・自己決定をキーワードに希望進路に向かいます。自校や地域資源等の特色を踏まえ，職業教育に取り組みましょう。

学級経営で大切なこと

Q 担任として子どものよさをもっと引き出したいです

自分の好きなこと以外に
取り組まない子に，
どう働きかけよう……。

意欲はあるのに活動で
失敗が続く子に，
自信をつけさせたいな。

説明しても，何度も
確認をする子には，
どう伝えたらいいんだろう。

アプローチのポイント

👍 本人が主体的に活動に参加できる環境を整える

　教師が伝えたいことや取り組んでもらいたいことと，子どもが捉えている状況や学習への見通し等が一致していないかもしれません。

👍 性格や特徴，好きなことや楽しみなこと等に目を向ける

　子ども一人一人の性格や学び方の特徴，楽しみなことや興味関心のあることに目を向けます。そして一律の指導ではなく，その子に合った対応を心がけます。

👍 子どもへの話し方に配慮する

　子どもの理解力に応じた話し方を工夫しましょう。

アプローチの実際

STEP 1 子どもの理解状況に合わせて環境を整える【環境調整】

　子どもの特性，性格や学び方の特徴を把握し，それに応じて環境を整えます。例えば，場所と活動内容が対応したスペースを整えて集中しやすくする，休憩や終了時刻等を自分で確認できるスケジュールの提示・1日の流れや活動手順のルーティン化で見通しを立ちやすくする，ルールや約束を提示し混乱を防ぐ，等です。ポイントは子どもが何を理解し，何を理解していないのかを見極め，今この状況で何をすることが期待されているかを，子どもが理解できる方法（例：写真やイラストを用いる等）で明確に伝えることです。

STEP 2 よさを生かし役割を果たせる場を設定する【動機付け・自己信頼】

　興味や関心による動機付けを意識し，一人一人に合った役割を用意します（例：水に興味がある子の係活動を教室内のシンク洗いにする，カフェでの仕事に憧れている子に給食の配膳係をお願いする）。ポイントは，役割を果たして終わりでなく，どのように遂行（どのくらい達成）したかという振り返り（評価）を一緒に行うことです。振り返りの方法として，達成度を数値化すること（例：「前回は5分かかったけど今回は4分でできたね」と伝える）や，がんばりに対してポイントを付与し成果を見える化すること，教師がうれしかったことを子どものノートに記録すること等が考えられます。成果に気づくことで役割の大切さや期待に応える心地よさを実感し，主体的な行動や自己信頼に繋がります。

STEP 3 言葉への配慮をして適切に伝える 【言語環境】

　言葉の誤認を防ぐため，正しい構文で伝えます。ポイントは，主語，述語等を省略せずに伝えることです。また，「きちんと」「もう少ししたら」等曖昧な表現を避けることも大切です。話し言葉での意味理解が難しい子には，絵や文字で伝えることが有効な場合もあります。また，その子だけに通じる言葉を生かすことも効果的です。例えば，電車が好きな子には「姿勢をよくしよう」ではなく，「車掌のようにキリッと背筋を伸ばそう」等，興味のあることと関連付けて伝えるとイメージをもたせることができます。

2

通常学級　　支援学級　　通級指導教室　**特別支援学校**

授業に参加したがらない子どもへの対応

Q 子どもが嫌がる授業がありますが原因が分かりません

> エミさんが，授業に出たくないと廊下で歩き回ったり，座り込んだりすることがあって困っているんです。

> どんな理由があるのでしょう。どの授業も出たがらないんですか？

> 落ち着いて参加できるときもあるのですが，いつも嫌がる授業と，時々で様子が変わる授業があります。はっきりとした原因が分からなくて……。

アプローチのポイント

👍 行動の背景をいくつかの視点に分けて整理する

　様々な授業で参加を拒否する場合，原因を特定することが難しいことがあります。複数の視点から情報を整理すると，対応の手がかりを得ることができるかもしれません。

👍 対応の中心となる課題を捉える

　整理した情報をもとに対応の方針を検討します。行動の背景にある課題の本質は何かを理解することが鍵です。課題の本質はすぐ明らかになるわけではなく，対応を進める中で理解が深まったり，修正したりするものと考えられます。

アプローチの実際

STEP 1 あらかじめ定めた視点で状況を整理する

　参加をしぶる場面について，本人の学習上の課題や学習環境に関わる事項等をもとに視点を分けて整理します。例えば，以下の視点が考えられます。

本人	理解	授業の内容が分からない，活動に見通しがもてない
	注意	集中できる時間が短い，注意の向け方に偏りがある
	意欲	興味がもてない，苦手意識がある，間違うことに抵抗がある
環境	対人	友達とのトラブルがある，教師に本心を話せない
	活動	学習課題の難しさ，量，活動時間，騒々しさ ※参加できる授業と参加できない授業の違い

　この他，客観的に状況を把握するためのツールである「機能的アセスメント」等（詳細は参考文献のデムチャック＆ボサート著，三田地訳，2004を参照）を活用できる場合もあります。また，観察だけでは分からない本人なりの理解の仕方や感じ方による理由があるかもしれません。可能であれば本人との対話を通した理解ができるとよいでしょう。

STEP 2 整理した情報をもとに対応の方針を検討する

　整理した事項をもとに，中心となる課題について検討します。例えば，集中できる時間の短い子どもが，時間いっぱい活動に取り組むことを求められ，過度の負担がかかり，苦手意識や不安感に繋がった可能性があります。その場合，本人の集中時間に合った取組み方への変更や課題量の調整をします。子どもが不安を感じないよう，活動に見通しをもつための手立てが必要になると考えられます。その他，周辺の課題についても可能な範囲で対応を検討しましょう。

STEP 3 チームとして段階的なアプローチを行う

　方針を検討する上で授業間の連携も重要です。教科等の特性によって一律の対応が難しいことも考えられますが，中心となる課題については共通理解を図る必要があります。また，教科等の特性の違いを生かして本人が取り組みやすい授業から課題量を少しずつ増やしていく等，学習を段階的に発展させることも重要です。

パニックのある子どもへの対応

Q 激しいパニックにどうすることもできず，限界です

自閉スペクトラム症で話し言葉がない
タロウさん（中学部）。突然大声を
上げて床にひっくり返ったり，
壁に頭を打ち付けたりするように……。

止めに入ると，頭突きをされたり
強くたたかれたりする。
タロウさんは体格も大きく，私の力
ではどうにもできないことも……。

アプローチのポイント

👍 パニックを起こす要因を多面的な視点から考える

・生理的な要因が関与していないかどうかを探る

・コミュニケーション手段を増やす

　思いが伝わらないもどかしさがパニックに繋がっているかもしれません。話し言葉がない場合でも自分の思いを伝えられる方法を教え，支援します。

・活動に対する見通しがもてるようにする

　時間割があっても，休憩時間の活動内容や順序（トイレに行ったり，水分補給したりする等）について見通せていないかもしれません。

アプローチの実際

STEP 1 生理的な要因を探る

　きっかけが分からないときには，まず生理的な要因を探ることです。本人が訴えていなくても歯や耳，お腹等の痛みを抱えていることや，ときに肛門の疾患が要因となることもあります。何かの動作の際に違和感のある動きがないか，気にして触る身体部位はないか等しっかり観察し，保護者や医療機関と連携を図りましょう。

　また苦手な音等の不快な刺激が関与していることもあります。無理やり慣れさせるような指導は避けなければなりません。苦手な刺激に対しては，自分から刺激を和らげたり，回避したりするスキルを身につけさせます。

STEP 2 自分の思いを伝えられるようにサポートする

　例えば苦手な音がある場合には，それを意思表示する方法として自分からイヤーマフをつけたり，教師にカードを渡して「教室に戻ります」と伝えたりできることを教えます。また「○○したくない」等の思いを伝えられないこともあります。例えば給食で，苦手なものも残さないようにがんばっていて，周囲が気づかないうちに負担になっていることもあるかもしれません。そういった場合には「いりません」と伝えられることが重要です。嫌なことを伝えられるようになることで，パニックが減少することがあります。

STEP 3 細かな見通しまで分かるよう伝える

　子どもが分かる形態で活動スケジュールが提示されているか，見直しましょう。時間割の合間の着替えやトイレ，好きなことができる休憩時間等，順序がきめ細かく提示され，スケジュールが分かるようになることで，本人の中の混乱が減り，パニックが大きく改善することがあります。イラストや写真等，本人が理解しやすい形態で提示することが大切です。

通常学級　支援学級　通級指導教室　**特別支援学校**

段階的な着替えの指導方法

Q 何度も指導しているのに，着替えが習得できません

トシキさんは一人で着替えるのがまだ難しい。
保護者は，一人で着替えができるように
なることを願っているけど……。

着替え指導では，ふらふら立ち歩くことが
多くてなかなか身につかない。
何度も言葉かけをしているのに……。

アプローチのポイント

👍 着替える環境を見直す

　例えば立ち歩きが着替えを困難にしている場合，まずは立ち歩きを防ぐための環境設定を考えます。

👍 指導方法を見直す

・着替えのどの過程でつまずいているかを明らかにする
　課題分析という方法を用いて，着替え動作を分けて考えます。
・プロンプト（補助的支援）を用いながら，段階的な指導を計画する
　言葉かけのみに頼り過ぎずに，手を添えながら指導を始め，段階的に支援の量を減らしていきます。

アプローチの実際

STEP 1 着替えに集中できる環境設定を行う

　余計な視覚情報が入らない工夫をすることで，ふらふら立ち歩く行動が減ることがあります。また，着替え場所の床をテープで囲ったり，マットを敷いたりして，着替えに取り組む場所を分かりやすくします。個別指導から始め，次のステップとして集団指導することも考えられます。

STEP 2 課題分析を行い，何ができていないかを明らかにする

　例えば，「上衣を裏返さないように脱ぐ」のであれば，①両手で襟をつかんで頭から抜く，②左手で背中の部分をつかんで引っ張る，③袖口をつかんで腕を抜く……といったように，必要な動作を分けて書き出します。まずは，教師が「自分でやってみる」ことが大切です。その上で，着替え動作を分割して書き出し，どの部分でつまずいているかを明らかにします。

STEP 3 段階的なプロンプト法で指導する

　プロンプトとは，望ましい行動を引き出すために，指示と一緒に用いられる補助的な刺激のことです。指導場面において，私たち教師は言葉かけ（言語プロンプト）を多用しやすいですが，身体の動かし方を教えること（身体プロンプト）も重要です。また，言葉かけに頼りすぎると，言葉かけがないと着替えができなくなってしまうことがあります（プロンプト依存）。

　着替え指導にあたっては，手を添えながら身体的なガイダンスで手や身体の動かし方を教え，段階的に手がかりを減らしていきましょう。例えば，①手を添えて言葉かけをしながら（全面プロンプト），②部分的に手を添えながら（部分的な身体プロンプト），③教師が動作の見本を示しながら（モデリング），④最低限の言葉かけをしながら（言語プロンプト），⑤一人で取り組む，のように支援の量を①から⑤の順に減らしていきます。着替え動作が身についた後は，一人で取り組むために手順書（視覚的プロンプト）を用意することで自立的に取り組める場合があります。

5 意欲を高める作業学習の指導

通常学級　支援学級　通級指導教室　**特別支援学校**

Q 木工作業学習に生き生きと取り組めていないようです

作業（製品づくり）は進んでいるし，報告・連絡もしっかりできている。

でもやらされている感じがあって，活動の楽しさ・意義を感じられていないような……。

アプローチのポイント

👍 子どもが本気で取り組める作業学習を設定する

　作業学習では作業活動を学習の中心に据え，子どもの働く意欲を培い，将来の職業生活や社会自立に必要な事柄を総合的に学習します。子どもが本気になって意欲的に取り組めるようにするためには，①子どもにとって分かりやすく魅力的な活動になっていることと，②活動への子どもの思いを引き出すこと，の2つが大切です。

　①については，子どもの得意なことや関心を生かした活動を設定したり，目的を達成できるように段階的な指導を行ったりすることが考えられます。

　②については，例えば木工製品の製作で，魅力的な製品に仕上げるために作業していることを意識させたり，地域の販売会等で地域の人に喜んでもらえる機会を設定したりする等，やりがいを味わえるようにすることが大切です。

STEP 1 子どもにとって魅力ある作業（単元）を設定する

　作業学習に取り組む理由が分かり，取り組みたいと思える活動の設定の工夫が必要です。木工作業学習を例にすると，まず可能であれば，教師があらかじめ決めた製品を作るのではなく，子ども自身に下調べさせ，どんな製品を作りたいかアイデアを出し合ってもらうようにします。また，製品は完成後に販売することを伝え，買う人が欲しくなる製品について考えてもらいましょう。

STEP 2 子ども一人一人の「できる状況づくり」を整える

①自分の意思で取り組む状況づくり

　自分がお店で欲しいと思った商品についてよさを伝えたり，使う人が買いたくなるデザイン案を出し合ったりする場面を設定する。

ねじ穴シールの色を変えるとおしゃれになるなあ。

木工仕上用テープを穴あけパンチでくり抜き，張り付ける。簡単！

おしゃれな小物入れになった！買いたくなる！

②仲間の中で知識・技能を生かす状況づくり

　これまでの学習で学んできた知識と技能を生かして仲間と試行錯誤しながら考えたアイデアが形になるように試作。

③自分や仲間のよさを共有する状況づくり

　アイデアが具現化された段階で，仲間同士でよくなった点や改善にいたったプロセスについて共有する。

STEP 3 こまめなフィードバックで意欲を高める

　作る喜び・売る喜び・使ってもらえる喜びを子どもが実感し意欲を高められるように，製作・販売・アンケート回収等の要所要所で，多面的な学習状況の評価を行い，成長した点やよかった点をフィードバックしましょう。使ってもらえる喜びについては，購入者からの喜びの声を伝えられるとなおよいです。

6

通常学級　　支援学級　　通級指導教室　特別支援学校

苦手意識をなくす作業学習の指導

Q 行動上の課題があり，全く作業に取り組まず困っています

話し言葉のない，自閉スペクトラム症の
テツオさん。作業が嫌になると，机を
たたいたり教室から飛び出したりする等，
作業学習に取り組みたがらない。

何とか取り組めるようになってほしいと
厳しく指導しているけど，
指導すればするほど悪循環……。

アプローチのポイント

👍 本人の得意なことを生かす

　苦手な作業でなく，得意な作業や取り組めることから考え，子どもの意欲を
高めます。作業内容ありきでない課題の設定が大切です。

👍 力が発揮できる工夫をする

　どのくらい取り組むか，いつ休憩できるか，学習の流れはどうなっているか等，
本人が見通しをもてるように工夫をします。

　また，本人が集中できる時間や作業量を考慮して計画を立てる等，スモール
ステップで伸ばしていくイメージで指導を行いましょう。

アプローチの実際

STEP 1 本人の得意な作業課題を提示する

　全員に同じ作業に取り組ませるのではなく，一人一人に合わせた作業課題の工夫をしましょう。作業工程をいくつかに分けて，得意な工程を担当させることが考えられます（例：スリッパ清掃の作業で，スリッパをきれいに拭き上げる動作が難しい場合，他の子どもが拭き上げたあとに「一足ずつたばねる」担当をお願いする）。思い切って個別化し，他の子どもとは違う作業課題に変更することも検討できます。大切なことは，苦手なことに取り組ませるよりも，得意なことを生かした活動にすることです。

STEP 2 活動スケジュールを取り入れ，見通しがもてるようにする

　本人が分かる形態（イラストや写真等）や情報量で，活動スケジュールを提

示します。また，活動量については，例えば3セットの作業に取り組むのであれば，3つのかごにそれぞれの材料を入れ，かごの中の材料がなくなったら終わりというような提示の仕方があります。作業や休憩の残り時間が分かるように，残り時間が見える化できるタイマー（タイムタイマー）を活用することも有効です。

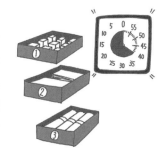

STEP 3 スモールステップで活動時間や活動量を伸ばす

　1分でも取り組めるのであれば，「1分なら取り組める」とポジティブに捉えましょう。毎回の学習で1分でも作業時間が伸びれば，30回の学習を積み重ねると30分間取り組めることになります。取り組んだ量を目標にする場合，1個取り組めたなら，次は2個を目標に，スモールステップで指導します。1分が2分，1個が2個になることは，2倍の成長です。小さな進歩であってもしっかりほめて自信を育てましょう。フィードバックする際には，作業時間や作業量の記録を残し，小さな成長もしっかり評価しましょう。簡単なグラフを作る等，成果を見える化することで，教師も指導の成果を実感できるようになります。

7 給食場面の行動問題への対応

通常学級　　支援学級　　通級指導教室　特別支援学校

Q おかわりがないと暴れ出す子どもがいます

> 給食時間，マサルさんはおかわりがないと
> 「うおーっ!」と叫んで食器を投げ，
> コウイチさんは食べ終えると
> 廊下へ飛び出してしまう。

> 学級（小学部）の他の4人の給食指導に
> 手がまわらないのに焦って，
> つい厳しく指導してしまうな……。

アプローチのポイント

👍 一人で悩まず，助けを求める

　食器を投げる，教室を飛び出す等，子どもに危険が及ぶ恐れのある状況では，応援に入れる教師がいないか探す等，助けを求める必要があります。困っていることを同僚や先輩教師に伝えましょう。

👍 子どもへの伝え方や対応を考える

・おかわりがある，または，ないことが分かるように伝える
・対応の曖昧さを改善し，一貫した対応方法を検討する
・上手に待てるようになるための指導をする

STEP 1 本人が理解できる方法で事前に状況を伝える

　毎日おかわりができると思い込み，おかわりがないと暴れるマサルさんには，おかわりの有無を事前に伝えることが重要です。伝える際，単に言葉で言えばいいということではなく，マサルさんにとって分かる伝え方になっているかどうかがポイントです。例えば写真カードを用いて，おかわりがある献立のカードだけを並べて説明したり空になった食缶を見せたりすることが考えられます。

　また，「苦手な食べ物」をお皿ごと投げてしまう子の場合は，「苦手な食べ物」を「いりません」「量を減らしてください」等と伝えられるように指導することも大切です。

STEP 2 一貫した対応方法を検討する

　おかわりがある日とない日があることで混乱が生じるのであれば，一貫した対応方法を検討しましょう。「昨日はおかわりできたけど，今日はできない」といったマサルさんにとっての曖昧さを改善するために，（最初の2～3日は怒ることがあるかもしれませんが），配膳時にすべて配りきり，おかわりはないシステムにすることも考えられます。もしくは，必ずおかわりができるようにすることを考えます。例えば，マサルさんの給食の3分の1をあらかじめよけておくことで，毎日おかわりができるシステムが出来上がります。

STEP 3 自分のペースで動く子には待つことの指導を考える

　給食を食べ終わると教室を飛び出してしまうコウイチさんには，席で待つための指導を行います。その際，コウイチさんに好きな活動があれば，指導に取り入れてみましょう。音楽を聴くことが好きであれば，CDを聴いて待つこともできます。イヤホンやヘッドフォンを使えるとよいでしょう。また，絵本や雑誌が好きであれば，それらを見て待つことも有効です。待つことが苦手な子の指導においては，30秒でも1分でも，待てたときには，小さな成長を見逃さずに必ずほめましょう。適切な行動を強化することが，不適切な行動の減少に繋がります。

8 美術的な表現活動の指導

通常学級　支援学級　通級指導教室　**特別支援学校**

美術的な表現活動の指導

Q 楽しく自信をもって表現活動に取り組んでほしいです

美術の授業で，集中が続かないタカシさん。
興味のある乗り物の絵は，休み時間に
集中して描いているのですが……。

不器用で，細かな彩色が苦手なコウキさん。
短期記憶が弱いこともあり，手順を覚えて
制作することも苦手なよう。発想力は豊かで，
「やってみたい！」と意欲もあるのですが……。

アプローチのポイント

👍 自己肯定感を高める楽しい制作を心がける

　「美術の教育」と「美術による教育」はどちらも必要ですが，授業ではともすれば美術教材キットを制作することが学習目標になり，教師の支援で完成させてしまうこともあるのではないでしょうか。

　自由に描くこと，楽しく自信をもって制作することをねらいにした「美術による教育」に特化した「表現活動」は言語での表現の手段が限られている障害のある子どもの自己肯定感を高めることにも繋がります。美術科と区別して「合わせた指導」として教育課程上に位置付け，「表現活動」の授業として取り組む学校もあります。

STEP 1 障害特性を生かし，子どもの自発性を引き出す

「モダンテクニック」等単純な技法を取り扱うことが多くなりますが，繰り返しの活動に集中しやすいといった子どもの障害特性を生かすことで，単純な活動が熱中した活動になります。例えば，回転するものが好きな子どもには，ろくろの上に丸い紙を置いて回転させながら筆でにじみ絵に取り組んでもらうことで，意外性のある作品が生まれることもあります。子どもの興味のある物や文字等を題材にすることも美術的表現活動の工夫の１つです。自分から取り組みたいという気持ちを引き出すことが大切だと考えます。

STEP 2 「その表現いいね」と共感し合える授業にする

子どもが熱中して制作できる環境を教師が設定することが重要です。見通しがもてるように手順を明示することや，完成した作品を事前提示することも子どもの障害特性によっては必要な支援ですが，見本通りに制作するような支援や，完成を促すような支援は必要ないと考えます。子どもが制作する姿に「いいね」「上手だね」「おもしろいね」と教師・子ども同士で共感できることが重要であるためです。

+α これも忘れずに！
完成した作品を飾り，子どもの自信に繋げる

近年，伝統的な美術の指導を受けていない人が制作した作品を「アウトサイダー・アート」，「アール・ブリュット（生の芸術）」と呼び，アートとして取り扱われるようになってきています。子どもが制作した作品の１つ１つもアートとして，丁寧に額装し，美術作品のようにキャプション（作品につける説明文。タイトルや制作者名，使用した画材等を記載）を付けて校内や校外に展示してみましょう。そして作品への肯定的な感想を伝えます。自分の作品が「きれいだね」「いいね」と周囲の方にほめられることは子どもの自己肯定感を高め，表現したいという原動力になります。

コミュニケーション力を高める言語活動の指導

Q 話の聞き方や意見の伝え方が，なかなか定着しません

自閉スペクトラム症の
アキラさん（高等部）は
一方的に自分の話を
しちゃうことが多い。

国語の授業で伝え方や聞き方を学習して
いるけど，なかなか定着しないなあ。
卒業後，職場の人とうまく接することが
できるか心配……。

アプローチのポイント

👍 国語科を要としつつ，言語活動の充実を図る

　言語能力を育成する中核的な教科である国語科を要として，各教科・科目等又は各教科等の特質に応じた言語活動の充実を図ります。また，自立活動の「コミュニケーション」や「人間関係の形成」等との関連を図りながら，国語科を中心に学校教育全般でコミュニケーションの指導をすることが重要です。

👍 話し合い場面を通して会話への意識の変化を促す

　話し合い活動を通じて会話への関心を高め，自他の共通点・相違点を知ってもらいましょう。特に国語科の話し合い活動は多様な意見による試行錯誤の過程で充実するため，意見を出すこと・聞くことへの意欲を高めやすいです。

アプローチの実際

STEP 1 まずは2人での話し合いからスタートする

　話し手と聞き手がはっきりしやすい2人での話し合いから始めましょう。複数人の話し合いでは，誰に向けられた発言なのかや，誰に向けて発言すればよいのかが分かりにくいためです。また，自分が参加せずに話し合いが進むこともあります。2人では話し合いが途中で止まる場面もあると思いますが，すぐに声をかけず，見守りましょう。もしかすると互いに考えている時間かもしれません。また，相手にどのような応答をしているかにも注目しましょう。相手の発言を繰り返す応答が見られた場合，相手に共感し始めている可能性があります。

STEP 2 答えが決まっていないテーマでの話し合いをする

　1つの正解を導き出すようなテーマではなく，一人一人の意見が話し合いに影響を与えられるテーマを設定しましょう。そうすると「どうせ答えは決まっているんでしょ」というような消極的な姿勢になりにくいはずです。

　また，「物語の登場人物になったつもりで，自分だったらどう行動するか」のような「行動」や「事実」をもとに考えられる課題解決のためのテーマだと考えやすく，相手の異なる意見も取り入れやすくなります。一方「この登場人物の心情は？」のような他者の気持ちを想像させるテーマはイメージが湧きにくいことがあるので，話し合い活動に慣れてから取り組みましょう。

STEP 3 話し合い場面での暗黙のルールを可視化する

　私たちが普段行う話し合いには，①話し合いの場に関するものや，②参加者に関するもの等，多くの暗黙のルールがあります。①は例えば時間や場所，目的等で，②は参加者の関心やパーソナリティ，参加者間の関係や社会的立場等です。特に自閉スペクトラム症の子たちは，暗黙のルールを察することに困難さを抱えていることが多いといわれています。そのため，できる限りルールをはっきり伝え，いつでも確認できるように視覚的に示すことが有効です。実際の話し合いでは②も重要ですが，話し合い活動ではまずは①について示します（例：話し合う時間やテーマ，話す順番等を口頭で伝えながら板書する）。

通常学級　支援学級　通級指導教室　特別支援学校

外国語を活用したソーシャルスキル指導

Q 他者と関わる動機付けとして外国語を活用できますか

挨拶しなかったり，友達の物を勝手に
使ったり，ソーシャルスキルが定着しない。
将来働き始めたとき，孤立しないか心配……。

外国語活動でソーシャルスキル指導を
取り入れると効果が出るって
聞いたことがあるけど，本当かな?

アプローチのポイント

👍 他者との関わりを学ぶ機会として，外国語を活用する

　2018 年改訂の特別支援学校学習指導要領解説の「外国語科 3 内容 言語活動」で，「話すこと」が発表とやりとりに分かれているように，外国語科や外国語活動は他者とのやりとりを学ぶ機会になります。小学校の支援学級の外国語活動でコミュニケーション活動を行い，子どもの仲が深まった，他者への配慮や関わりに改善がみられたという研究もあります。

　新たな言語を学ぶことは文化を学ぶことであり，コミュニケーションを学ぶことに繋がりますし，言語・非言語で気持ちを伝える方法を学ぶことにもなるのです。

👍 外国語の新奇性を生かし，参加意欲を高める

　外国語は，子どもにとって聞きなれない言語です。興味関心をもちやすく，コミュニケーション活動に参加する動機付けに繋がります。

アプローチの実際

STEP 1 他者を意識させることから始める

　子どもができていない面をただ指摘しても，よい教育的効果は生み出せません。友達との挨拶や適切な方法での物の貸し借り，自発的な行動を促すには，まず他者との関わりを意識させることから始めましょう。

　聞き慣れない言語であり，子どもが興味をもちやすい外国語は，コミュニケーション活動への参加意欲を高めるのに効果的です。知的障害のある子どもに外国語を導入することに疑問を感じる方もいると思いますが，規則性がある短い英語表現は聞き取りやすく，発話する意欲が湧きやすいのです。

STEP 2 外国語での挨拶の練習で挨拶の習慣化を図る

　挨拶はコミュニケーションの入り口として重要ですが，単に子どもに「挨拶しなさい」と働きかけても，すぐには習慣化に繋がらないことがあります。日本の挨拶は慎ましくお辞儀をする等，動きが控えめであることが多いですが，英語圏ではジェスチャーを交えながらおおらかな表情で挨拶したり，挨拶のときに互いの名前を呼び合ったりします。こうした言語・非言語による挨拶の方法を取り入れながら英語で楽しく挨拶する練習を行うことで，挨拶の習慣化に繋げましょう。

　また，日常生活の指導やその他の様々な学習を通して，挨拶の必要性を伝えることも有効です。

STEP 3 自分から他者へ働きかける場を設定する

　子ども同士の物の貸し借りは，学習場面を設定し，ルールを確認することと，子ども同士での練習の機会を設けることが有効です。このときも，外国語の学習で練習してみると，興味を抱いて参加しやすくなるかもしれません。

　例えば，「話しかけるときには，相手の肩を叩いて注意喚起すること」，「『貸して（Lend me, please.）』と相手に伝えること」，「相手に渡すときには『どうぞ（Here you go.）』と伝えること」，「借りられたら『ありがとう（Thank you.）』を伝えること」等です。

11

通常学級　支援学級　通級指導教室　特別支援学校

ティーム・ティーチングによる効果的な指導

Ⓠ ST の先生方とうまく連携をとれず，悩んでいます

> MT として授業を進めているけれど，自分の意図が ST の先生方にうまく伝わっていないな……。

> 今日の授業はどうだったかな？他の先生方ともっと連携をとりたいけど，どうやったらいいのか分からない……。

アプローチのポイント

👍 授業づくりの意図を明確にし，共有する

　題材を決めた根拠や授業の中で子どもにつけさせたい力は何か等を，自分の中で整理し明確にします。そして一緒に授業を進める教師に共有しましょう。

👍 チームで指導する意識をもつ

　ティーム・ティーチングとは，「チームで考える，チームで指導する，チームで課題を解決する」ことです。一人ではできないこともチームで取り組めばできることがたくさんあります。一人で抱え込まず，指導のねらいを達成するためにチームで力を出し合うことが大切です。

アプローチの実際

STEP1 教師同士が話しやすい雰囲気をつくる

　忙しい教師同士がスムーズに連携できるようにするためには，フォーマルな会議の時間に限らず，日々の雑談の中で気づいたことや子どもの指導について情報交換しやすい雰囲気をつくることが大切です。

　そして教師間の連携を深めるには，互いに尊重し合い，思いやり，協力し合う気持ちをもつこと，そして全員に共通する明確な目標をもつことです。話をするときは，相手と考えの違いがあっても否定せず，互いの指導観を認め合いながらアサーティブ型の話し合いをしましょう。一人一人の教師の専門性や特性を生かした話し合いのもとに創造的な授業づくりを進めていきます。

STEP2 授業の意図を明確・簡潔に伝え，チームで検討する

　学習指導案を提案する際には，子どもの実態や課題の確認，題材を選定した根拠，重点とする目標を端的かつ明確に伝えます。

　それをもとに，目標を達成するための指導の工夫等をチームで検討し，MT の役割と ST の役割を明確にしておくことが大切です。チームで学習指導案をよく検討し確認することで，目標や指導の工夫を共通理解することができ，実際の指導場面で連携がとりやすくなります。

STEP3 授業を振り返り，共通理解を図って次に繋げる

　授業は，やりっぱなしにすることが一番よくありません。授業をした後，各教師は必ず「ここがこうだともっとよかった」「違う教材を使ってみたらどうだろう」「この部分は子どもがとても興味をもって取り組めていた」等の反省や感想をもっています。

　授業後にすぐ指導案を回覧し改善点等を記入するようにしたり，話し合いの機会をもったりすることで，次のよりよい授業づくりに繋がっていきます。また，改善点を共通理解することで，チームでの動きもよい方向に向かい，チーム力の高まりに繋がっていきます。

12

通常学級　　支援学級　　通級指導教室　**特別支援学校**

家庭との連携による効果的な指導

Q 学校と家庭で指導が異なり，混乱しているようです

> エリカさんは学校で着た服を
> たたまずに持ち帰る等，
> たたむことが定着していない。

> 手順書を作ったけど，袖や裾が丸まっていたり，
> 教師が見ていないと取り組まなかったりする。
> 家庭では，保護者が一緒にたたんでいるみたい。

アプローチのポイント

👍 学校と家庭で，手順や指導の段階を共有する

①学校と家庭で子どもの課題を確認する。

②学校と家庭で同じ手順，方法で指導することで定着を図る。

👍 指導方法を見直す

①課題分析を行い，何ができていないかを把握する。

②支援や環境の見直し，手順書に必要な情報を加えたり，必要な教具を用意し
　たりする等の工夫をする。

アプローチの実際

STEP 1 子どもの課題や家庭での指導方法を確認し, 統一を図る

　まず, 服をたたむ場面における, 子どもの課題を把握します。服の前後は理解できるか, 端と端を合わせる等の衣服に応じたたたみ方ができるか等, 課題について家庭と共有しましょう。また, 人によって, 教える方法が異なることがあります。家庭ではどのようにたたんでいるのかをまず確認し, 学校と家庭でのたたみ方の手順を統一することで, 定着しやすくなります。

STEP 2 子どもに合った手順書や環境を用意する

　例えば, 袖や裾が丸まったままになってしまう場合, たたむ前に「服を広げる」や「袖や裾を直す」という手順を加えることで, 丸まった袖や折れている裾を整えてからたたむことができるようになるかもしれません。また, 子どもの実態や指導の段階に合わせて, 服を広げられる机を用意する等, 環境を見直すことも大切です。

STEP 3 家庭と連携した指導を計画する

　指導の統一を図るために, 具体的な指導の手順を文書にしたり, 学校と家庭で使用する共通の教材を用意したりしながら, 話し合いの場面を設定し共通理解を図ります。

　指導にあたっては, 以下のように段階的に支援を減らしていきます。

①教師（保護者）と一緒に手順書を確認しながら取り組む。

②部分的な支援を手がかりに手順書を確認しながら取り組む。

③一人で手順書を確認しながら取り組む。

　「学校では一人で取り組み始めたが, 家庭では保護者が一緒に手順書を確認している」という状態では, 一人でたたむことの定着が難しくなります。学校と家庭で, 今はどの段階か, 何を基準に次の段階に移行するかを共有しながら指導を行うことが大切です。

13

通常学級　支援学級　通級指導教室　**特別支援学校**

登校しぶりのある子どもへの対応

Q 登校したくない理由が分からず，糸口をつかめません

> 保護者が一緒でないと登校できなかったり，
> 登校しても体調不良を訴え，保健室に
> 行きたがったりすることが増えたなあ。
> 何が原因なんだろう？

アプローチのポイント

👍「学校に行きたくない」原因を掘り下げすぎない

　「友達関係」「○○が嫌」等，登校しぶりの原因が分かれば解決方法を考えやすいですが，本人が言いたがらず保護者も分からなかったり，いろいろな要因が複雑に絡んでいたりすることも多いです。そのため，原因を追究しすぎるより，学校で何ができるかを提案しながら，本人や保護者と「今，できること」を探っていきましょう。

👍 スモールステップで時間をかけて指導する

　長期にわたって登校しぶりや不登校がある子どもの場合，時間をかけて指導を継続することが必要になります。そのため，指導者にとっても無理のない計画を立てましょう。スモールステップで焦らずに取り組みましょう。

アプローチの実際

STEP 1 本人や保護者，担任の負担の少ない時間の登校を提案する

　登校しぶりの程度によってはまずは学校の敷地内に入るだけ，5分だけ滞在してみる等のスモールステップが必要なこともあります。たとえ小さなステップでも本人にとっては勇気がいることもあり，無理のないステップを大切にしましょう。

　登校が遅れても子どもが入れる授業がある場合は，その時間に合わせて登校するように提案しましょう。また，授業に入るのが難しいような場合には，指導者が対応できる時間に合わせて登校してもらい，個別の対応をしましょう。

　本人の気分次第ではなく，事前に1〜2週間分等のスケジュールを立てて，決められた時間に登校することを約束できるとよいです。あくまでも指導者や保護者のコントロールの元で支援する必要があります。

STEP 2 授業や活動への不安は，事前に細かく見通しを説明する

　登校をしぶる背景には，見通しがもてずに不安になることが少なからずあります。「見通しをもたせる」というのは，支援の基本として知られていますが，1日の時間割等をさらっと説明しただけでは，見通しをもてない場合もあります。不安が強いことが予想されたら，個別に授業や活動の内容を細かく説明することで，安心して授業に出られることがあります。

　思春期に入ると，友達の前で恥をかくことへの恐怖等も登校しぶりの一因になります。「○さんには指名しないから，安心して」「この場面がだめなら，一旦教室の外へ出ていいよ」のように，「安心できる環境」や「プライドを守る手立て」も用意してあげましょう。

STEP 3 一人で抱え込まず，複数の視点から見守る

　登校しぶりの背景に，貧血等の体調面の課題や，保護者が本人の世話をできない状況にある等，家庭の課題が隠れている場合もあります。学校だけでなく，医療や福祉等の支援が必要な場合もありますので，周囲の教師や管理職への相談をためらわず，様々な方向からのアプローチを試みましょう。

14

通常学級 支援学級 通級指導教室 **特別支援学校**

清掃作業の指導

Q 職業科の授業で清掃を指導する際のポイントは何ですか

清掃の指導，日常生活の延長になりがち
だなあ。職業科として清掃を指導する
ときのポイントって何だろう？

「汚いからやりたくない」
「だれかがやってくれる」と
思っている子には，
どう働きかけたらいいかな。

アプローチのポイント

👍 清掃を仕事の視点から捉え直して指導にあたる

　清掃業は，知的障害特別支援学校高等部に在籍の子の就職先として有望な職種の１つです。また清掃業だけでなく，どの仕事でも清掃の場面があるでしょう。例えば飲食店の店内が清潔ですと，印象だけでなくおいしさもアップさせるといわれます。様々な職業に繋がる意識で，清掃を捉え直してみましょう。

👍 やりがいとともに仕事の厳しさも味わわせる

　清掃は成果が出やすく，人に喜ばれる仕事です。作業中は人目に触れる機会が多く，緊張感や責任感を感じながら，作業を通して場にふさわしい態度も育ちます。同時に，きれいにすることは当然で，いかに早く，効率よくできるかが問われる厳しい業種であることも伝えることで，職業としての清掃を子どもに意識してもらうことができます。

STEP 1 手順を大切にした職業としての清掃指導を行う

　家庭では自己流でもいいですが，清掃従事者（仕事として清掃をする場合）は用具を正しく使い，手順を守って，効率よく仕上げる必要があります。手順漏れは手直しに時間がかかるからです。いつも同じ仕上がりを保つことが信頼になる清掃において，手順の遵守は重要です。

STEP 2 用具の特性の理解を促し，プロの清掃に近づける

　例えばウエス（汚れを拭き取るための布）は8つ折りで8面拭くことができます。穂先が外側を向く自在ぼうきは壁際や階段の清掃に適しています。使い慣れた清掃用具でも特性を知り，正しく扱うとプロの清掃に変わります。実際の現場で使われる専門用具や機械を使うことも，清掃へのモチベーションを高めます。

STEP 3 「特殊なサービス業」である清掃の心構えを意識させる

　接客サービスではお客様をお迎えしますが清掃従事者は相手先へ出向きます。常に見られている意識で，挨拶・表情・身なり等気配りが大切です。学習環境を学級から学校全体，校外へ広げると自然と働く姿勢を意識しやすくなります。

STEP 4 ありがとうのシャワーで達成感・自信に繋げる

　清掃は手をかけるほどきれいになります。時間厳守の手早さや，仕上がりのよさが求められる厳しさもありますが，「ありがとう」「またよろしくね」と感謝や労いの言葉をこまめに伝え，達成感や自信に繋げます。職業の学習においては，どのような題材であっても，社会の一員として役割を果たすために，仕事に励む大切さを感じたり，働くことを通して充実感を感じたりできることが大切です。

＋α　こんな方法も！

　専門的技能を競う全国障害者技能競技大会（全国アビリンピック）のビルクリーニング部門や，国家資格（ビルクリーニング技能士等）の情報を伝え，清掃の職業意識を高めることもできます。

通常学級　支援学級　通級指導教室　**特別支援学校**

専門家との連携による職業指導

Q ホンモノの働く力を育てるために必要なことは何ですか

近年，一般就労率がぐんと上がっているね。企業からの特別支援学校高等部への期待が高まっているのかな。

うれしいけど，プレッシャーも感じる。教師は教育のプロだけど，様々な職業のプロかといわれると自信ないかも……。

学校の中だけで学んでいいのかな。学校と社会とのギャップも気になる……。

アプローチのポイント

👍 専門家から学ぶ職業指導

　本格的な職業指導を目指して専門家と連携し，現場で必要とされるスキルや心構えを教わりましょう。専門家にはハローワーク職員，各従事者，進路先の担当者等が考えられます。

　ハローワーク職員には仕事の紹介や適性検査の実施，ジョブコーチ（職場適応援助者）の活用等の情報提供をお願いできます。

　各従事者には，学校で学んだどんなことがどんなふうに役立つか等の情報提供をお願いできるでしょう。進路先の担当者には，現場実習を受け入れる経験等から，実際の現場で必要な力，学校で学んでおくべきことについて情報提供してもらうことが期待できます。卒業生に講話をしてもらうのもよいでしょう。

アプローチの実際

STEP1 専門家の活用，連携により教育的効果を高める

　働く力に繋がる授業や指導を目指して，専門家から直接レクチャーを受けることは大変有益です。専門家を積極的に活用するため「アドバイザー制度」を設けている学校もあります。外部講師（ゲストティーチャー）の授業を設けることで子どもの学習意欲向上に繋げたり，技術指導でプロの技を学ばせたり，職業講話で働く心構えを教わり，目指す姿をイメージさせることで新たな目標設定に繋げたりします。子どもも教師も，職業に係る見方や考え方を教わることができる貴重な機会になります。専門家の活用や連携にあたっては，授業計画や子どもの実態に関する細かな打ち合わせを行うことが大切です。

STEP2 地域，社会，職場への接続を意識する

　就労という形で社会参加を目指すとき，おのずと社会や職場との連携が必要になります。「産業現場等における実習」（いわゆる現場実習）では職場で働く経験を通して，仕事の厳しさややりがいを知り，職種や適性への理解を深めます。担当者による現場目線の評価が得られる貴重な機会でもあります。

　日常的に地域，社会，職場への「接続」を意識した授業づくりをし，子どもを送り出す先のイメージをもって，校内外の学習活動を充実させましょう。

STEP3 職業教育を担う者として学びを深め，指導に取り入れる

　将来の自立と社会参加を目標に，外部の力を借りながらも，教師自身も社会や現場のことをよく知っていなければなりません。学校の指導・支援が，現場で求められるものとかけ離れていては，効果的ではないからです。

　教師自ら専門家を尋ねたり，現場に出向いたりして学ぶ姿勢をもちましょう。そこで得た人脈や視点を授業づくりや指導・支援に取り入れて，変化する時代やニーズに対応した職業教育を目指します。

1

通常学級　　支援学級　　通級指導教室　特別支援学校

授業に生かす子どもの実態把握

Q 理解が深まる授業になっているか，自信がもてません

授業づくりって難しいです。
分かりやすいように工夫している
つもりなのですが……。

どうしたの？　子どもたちの
反応がよくないのかな？

ちゃんと聞いてはくれているけれど，子どもたちが
本当に分かっているか，自信がもてなくて……。

アプローチのポイント

👍 子どもの実態を起点にした授業を考える

　授業づくりを行う上では，根拠に基づく意図を明確にすることが大切です。
その根拠の重要な要素の1つは，「子どもの実態」です。「自分なりの工夫」が
根拠に基づいたものであるか確認しながら進める必要があります。

👍 授業づくりに必要な実態把握と評価の視点を明確にする

　子どもの実態を把握する際には，その目的を明確にすることが大切です。何
のために，どのような情報が必要かを検討し，視点を明確化することで，より
有益な情報を得ることができます。評価も同様に，視点を明確にして学習活動
の途中や終了時に取組みを評価し，指導改善に生かしましょう。

STEP1 授業づくりの「なぜ?」を考え指導の意図を明確にする

　授業づくりを行う上で，過去の指導経験を生かした工夫は有効と考えられます。また，前年度の資料等も参考になるものです。しかし授業は，現在の子どものためのものであることを再確認する必要があります。「なぜ，この題材で学習するのか?」「なぜ，この教材を使用するのか?」といった授業の構成要素に沿った問いを立てて考えることで，子どもの実態を起点にした授業づくりの手がかりを得ることができるでしょう。

STEP2 目的をもって子どもの実態を把握する

　授業づくりの「なぜ?」を考えることで，必要な実態把握の視点が明確化されます。例えば，題材設定についての情報が必要であれば，子どもの個別の教育支援計画からこれまでの学習経験や生活上の課題を把握することが考えられます。また，個別学習等における教材についての情報が必要であれば，ワークシートや具体物を用いた際の様子，色や形，数字への反応等，日々のやりとりの中で把握することが可能です。長期的な視点に立って認知特性の把握等が必要な場合には，心理検査等を活用することも考えられるでしょう。

STEP3 授業で把握した子どもの実態を次の授業へ生かす

　子どもの実態に基づいた授業づくりの意図が明確になると，授業での子どものわずかな変化にも気づきやすくなります。変化に気づくことは実態把握の深まりといえます。次の授業づくりに生かすことができる貴重な情報となるでしょう。このように，STEP1から3は往還し，年間を通して常に行われるものです。授業ごとに子どもの学習状況や成果，つまずき等を評価しながら指導改善を繰り返すことで，授業づくりに必要な実態把握の視点や，年度初めに整理しておくことが可能な情報が整理されていきます。そしてこの取組みが学校全体で計画的に行われるようになると，授業づくりをより効果的・効率的に進められるようになります。

多面的な情報収集とミーティング

Q 関係者との話し合いを支援に生かすこつは何ですか

支援経験のないタイプの
子どもの担任になった。
前担任の引継ぎも十分でなく,
不安だなあ。

昔からの支援者や関係者と話し合うけど,
どう話せばいいか分からなくて
心配だなあ。

アプローチのポイント

👍 子どもの人生をプロデュースする視点をもつ

　子どもの日常生活と将来像をプロデュースするつもりで,保護者や関係者とやりとりをしましょう。本人や保護者の願いを理解し,各関係者と将来像のイメージを共有できるようにミーティングを設定しましょう。

👍 「共通の関わり」と「固有の関わり」を考える

　関係者全員で共通理解を図り,関係者間で同じ(一貫した)関わりをすることは大事なことです。しかし,場面によっては特定の人にしかできない固有の関わりが必要であることも理解しましょう。

STEP 1 成育歴や教育歴を書類や聞き取り，観察から理解する

　引継ぎ資料はもちろんですが，保護者からの情報を面談や日常の会話，連絡帳等から収集することも必要です。また，学校での子どもの様子を観察することで貴重な情報が収集されます。観察の際は，子どもは学校では家庭や他の生活場面と全く違った姿を見せる場合もあることを押さえておきましょう。

STEP 2 これまで／これから必要となる関係者と連携する

　過去に関わった関係者から，子どもの実態だけではなく，うまくいった・うまくいかなかった関わりについて聞き取りましょう。

　また，担任（担当）となった教師は「その子の人生をプロデュースする」という視点をもつことが大切です。将来を見通した上での目標を設定し，その達成のために必要となる関係者のことまで考えましょう。例えば，将来親元を離れて働きたいという願いをもっている子であれば，在学中にショートステイの利用を経験することも考えられます。成長とともに必要となる情報を得るために，行政や福祉サービス，医療関係等の必要な関係者との出会いの場としてミーティングを計画的に設定し，その子の将来像のイメージを共有しましょう。

STEP 3 関係者間の役割を明確にする

　子どもの成長をサポートするために関わり方を統一することもありますが，時には保護者だからできること，担任だからできること，医療関係者だからできること等固有の関わりが必要になることもあります。ミーティングでは，情報収集に加えて支援方針と役割分担を明確にすることを大切にしましょう。

+α　これも忘れずに！

信頼関係を築き，スムーズな連携を目指す

　ミーティングがスムーズに行われるためには，保護者や関係者との円滑なコミュニケーションが不可欠です。ミーティングだけにとどまらず，普段から連絡帳や電話でこまめにやりとりすることや，連絡しやすい時期や時間を事前に確認しておくことも大切です。

3

通常学級　　支援学級　　通級指導教室　**特別支援学校**

授業におけるサブティーチャーとしての動き方

Q 頼まれた子どものそばにいればよいでしょうか

> ティーム・ティーチング（TT）の授業で，
> サブティーチャー（ST）を担当することに。
> ST って何をすればいいんだろう？

> 多くの子どもは静かに座っているみたい。
> メインティーチャー（MT）に頼まれた，
> ケンさんの側にいればいいのかな？

アプローチのポイント

👍 MT と連携を深め，TT のメリットを最大限生かす

　TT の最大のメリットは，教師一人では目の届かない場面をカバーでき，一人一人の子どもに応じた関わりができるところです。授業全体の流れを MT と ST が共有する中で，子どものどのような姿を望み，どのような支援が必要かを話し合い，共通理解を図ることが大切です。

👍 全体に目を配り，柔軟な対応を心がける

　頼まれた子どもの支援はもちろんのこと，全体にも目を配ることが重要です。「静かに座っている＝支援不要」とは限りません。子どもがどういう状況で静かに座っているのかを見極めながら，適切な関わりをします。また，授業ごとに多様な役割を求められるため，MT と連携しながら柔軟に対応しましょう。

STEP 1 事前に子どもの実態と支援方法を丁寧に話す

　MT と ST は，事前に打ち合わせをし，指導案（略案）をもとに本時の目標や授業全体の流れを確認します。その際に子ども一人一人の目標も確認し，達成のためにどのような支援があれば得意なことを生かせるかや苦手なことにどのような配慮が必要か共有しましょう。そうすることでSTとして「どの場面で」，「どの子に」，「どんな支援」をするのかがはっきりします。子どもにとって得意な場面であれば行動を促し，できたときには「すごいね。うまくできたね」等，自信をもてる言葉かけをします。苦手な場面であれば，「〇さん，先生と一緒にやってみよう」等，子どもが安心して授業に参加できる雰囲気をつくります。

STEP 2 授業全体の子どもの動きに敏感になる

　ST として主に支援する子どもが決まっている場合でも，授業の中では，他の子どもの様子にも敏感になっておく必要があります。

　例えば，子どもが静かに座っている場合，MT の説明に集中していて静かにしているのか，自分のすべき行動が分からずに静かにしているのか等，そのときの子どもの様子から，見守るべきか，働きかけるべきかを見極めます。

STEP 3 ST の役割を柔軟に捉える

　授業内容によっては，ST としての関わり方を弾力的に変えていくこともあります。例えば，授業の中のある場面において，ST が演示をする，ST の得意なことを生かして一部メインで進める等，一時的に ST が MT を担う方法も考えられます。

　ST の役割を固定的に捉えず，子どもの実態や授業内容によってパターンを変えることで授業に幅が生まれ，子どもの「授業が楽しい！」という思いを引き出すことにも繋がります。

通常学級　支援学級　通級指導教室　**特別支援学校**

校内研究の取組み方

Q 校内研究の意義がよく分かりません

学級担任だから，
授業準備や生徒
指導で手いっぱい……。

説明の情報量が多すぎて，
よく分からない。具体的に
何をすればいいの?

そもそも校内研究の成果って生かされるの?
とりあえず参加しているけど，
どんな意味があるのかな。

アプローチのポイント

👍 教育活動を客観的な事実として捉え直す

　日々の教育活動において，業務に追われている状況や分からないことが多い状況では，ネガティブな感情を抱きやすくなります。思いを含めた状況を客観的な事実として捉え直すことで，視点を変えた考え方ができるかもしれません。

👍 機会を活用することを考える

　校内研究として設定された場や時間を有効に活用するといった視点で捉え直すと，その機会のもつ意味は大きく変わります。「どのように取り組むと自らの成長に繋がるか」という視点をもって参加してみましょう。校内研究は，個人の資質向上のみならず学校教育目標の実現に向け，組織としてレベルの向上を図るという意義があります。

アプローチの実際

STEP 1 積極的になれない状況を客観的な事実として捉え直す

学級担任の例で考えると，以下のような捉え直しが考えられます。

表 4-4　校内研究の捉え直し（例）

状況	日々の担任業務に追われている状況下での校内研究 →「校内研究に力を注げないよ〜」という思い
事実	・気持ちの焦りがある。時間的な余裕がない。 ・授業の準備や生徒指導も，校内研究もやるべき業務。 ・校内研究は時間として設定されている。
視点を変える	校内研究の時間は気持ちを切り替えて集中することで，得られるものがあり，日々の指導に生かせるかもしれない。

捉え直しの結果は当たり前のことのように感じられるかもしれませんが，前向きになれない状況から一歩踏み出すために，簡単にできる思考法です。

STEP 2 校内研究という機会を活用して自らの成長に繋げる

校内研究の目的は教育課程のあり方の検討や授業研究の充実等が挙げられますが，取組みを通して研鑽を深めるチャンスはたくさんあります。

・校内研究と日々の授業実践，生徒指導との繋がりを見いだすことができれば，指導改善の手がかりを得るチャンス！

・「分からない」ことがある＝視野を広げるチャンス！

・実際の教育現場の文脈で研鑽を深めるチャンス！　他の研修でなかなかできない貴重な機会。

STEP 3 自分に合った効果的な取組み方を探る

自分なりの取組みの道筋があるとより効果的に研究，研修を進めることができるかもしれません。例えば，①事前に校内研究に必要な知識を得る，②得た知識からアイデアを練る，③指導案を作成する等，文章化することで思考を整理する，④発表者として授業実践や取り組んだ成果を発表する，⑤他者からの意見をもとに振り返り，検討を深めるといった道筋が考えられます。取組みの過程で，他の教師と話し合い，違った視点から子どもを捉え直すことができたり，授業づくりに対して新たなアイデアを得たりすることもできます。

高等部卒業後の進路先

Q 特別支援学校の卒業後，どんな進路が考えられますか

> 子ども（高等部）の保護者から，
> 卒業後の進路先について聞かれたけど，
> 詳しく答えられなかった。

> どんな進路先があるか，お給料はどれくらい
> もらえるか，どれくらいの期間利用できるか等，
> 分からないことばかり……。

アプローチのポイント

👆 知的障害特別支援学校高等部卒業後の主な進路先を知る

　進路先には，大きく分けて一般就労する場合と，福祉サービスの事業所を利用する場合があります。福祉サービスを行う事業所も，サービスの内容によって様々なタイプがあり，情報収集が必要です。まずは各学校で把握している卒業生の進路実績から情報を得るとよいでしょう。

👆 在籍する学校の進路担当教師に相談する

　障害者雇用促進法が改正され，障害者の雇用に取り組む企業も増えてきました。また，福祉サービスを行う事業所も増えています。校内の進路担当教師が最新の情報を把握していますので，相談するとよいです。

アプローチの実際

STEP 1 特別支援学校の卒業後の主な進路先を知る

　主な進路先を下記にまとめました。また他にも，「自立訓練」「グループホーム（生活の場所）」を利用することも考えられるので，調べてみてください。

表 4-5　知的障害特別支援学校高等部卒業後の主な進路先

進路先	雇用契約	サービス受給者証	賃金	利用期間	障害支援区分
	事業所の説明				
一般就労	結ぶ	必要なし	最低賃金以上	契約による	必要なし
	一般の企業に勤めます。手帳がある方は障害者枠での雇用もあります。雇用契約を結ぶので，最低賃金が保証されています。				
就労移行支援事業所	結ばない	必要	事業所による	2 年間	必要なし
	就労を希望する障害者で，通常の会社等に雇用されることが可能と見込まれる方が対象です。生産活動，実習等の職場体験を通して一般就労を目指します。就職後の職場への定着のために必要な相談や支援も行っています。				
就労継続支援A型事業所	結ぶ	必要	最低賃金以上	制限なし	必要なし
	通常の会社等に雇用されることが困難な障害者で，適切な支援により雇用契約等に基づき就労することができる方を対象としています。生産活動や就労に必要な知識や訓練，その他の必要な支援を受けながら一般就労を目指します。雇用契約を結ぶので，最低賃金が保証されます。A型の令和元年度全国の平均賃金は，月額 78,975 円です。				
就労継続支援B型事業所	結ばない	必要	事業所による	制限なし	必要なし
	通常の会社等に雇用されることが困難な障害者で，就労移行支援によっても通常の事業所に雇用されるに至らなかった方や，就労移行支援事業者によるアセスメントにより，就労面に係る課題等の把握が行われている方等を対象としています。生産活動や就労に必要な知識や訓練，その他の必要な支援を受けながら一般就労等を目指します。B型の令和元年度全国の平均賃金は，月額 16,369 円です。				
生活介護事業所	結ばない	必要	事業所による	制限なし	4 以上
	主に日中，入浴，排せつ及び食事等の介護や，調理，洗濯及び掃除等の家事等日常生活上の支援，創作的活動又は生産活動の支援が行われます。障害支援区分が 4 以上必要となります。生産活動を行っている事業所では賃金が出ることもあります。				
入所施設	結ばない	必要	事業所による	制限なし	4 以上
	施設に入所する障害者の方で，主として夜間に，入浴，排せつ及び食事等の介護や，日常生活上の支援が行われます。障害支援区分が 4 以上必要となります。生活介護等の日中活動事業と組み合わせて利用することもあります。				

STEP 2 進路担当教師と連携して相談支援事業所に相談する

　福祉サービスの利用にはサービス受給者証や場合により障害支援区分の認定が必要です。在学中に相談支援事業所に相談すると卒業後円滑に利用できます。

通常学級　支援学級　通級指導教室　**特別支援学校**

高等部における進路決定までの流れ

Q 福祉事業所で活動できるか，進路に不安を抱えています

知的障害があるミサさんの保護者から，
「娘を受け入れてくれる事業所があるか不安」
と進路の相談を受けた。

ミサさんは大きな声を出すことがあり，
他の利用者に迷惑をかけないか，
受け入れてくれる事業所があるか
私も心配……。

アプローチのポイント

👍 進路決定までの流れを知る

　特別支援学校では，校内実習や事業所での現場実習等を行い，段階を踏んで適切に進路が決まるようにしています。学校によっては中学部で職場見学や就業体験を経験することもあり，高等部になると本格的に現場実習がスタートします。各学校で「進路の手引き」等を作成し，進路決定までの流れをまとめていますので，確認した上で，進路担当教師に相談しましょう。

👍 実際に見学して福祉事業所を知る

　福祉事業所（障害福祉サービス等事業所）にも様々な事業所があり，作業内容やサービス内容，利用者数も異なります。学習指導や会議等のない長期休業期間を使って実際に見学し，活動内容や雰囲気を知ることが大切です。

アプローチの実際

STEP 1 進路決定までの流れを確認しながら段階的に進める

　卒業後の進路は，子どもや保護者と話し合いながら，子どもの実態に合った仕事や活動の経験を現場実習で積み重ね，段階を踏んで決定します。現場実習の実施時にはどんな手立てや配慮があればその子が力を発揮したり安心して過ごせたりするか，実習先と情報を共有することが大切です。現場実習は，おおむね以下の表のような流れで行われます。

表4-6　現場実習の流れ（例）

1	保護者が，進路希望調査票等で学校へ希望の進路を伝える。
2	進路担当教師が事業所と調整をし，子どもや保護者が事業所見学を行う。 ※場合によっては，3の後に行うこともある。
3	進路担当教師が事業所との調整をし，実習の日程や内容が決まる。
4	保護者は学校と，実習期間・持ち物・通所方法等を確認する。
5	実習実施。
6	保護者は，実習の振り返りを進路担当の教師や実習先と行う。
7	1に戻る。

　表4-6の1について，高等部入学段階では地域の福祉事業所のことが分からず，進路希望調査等で具体的な事業所を挙げられない保護者が多くいます。そのようなときは，子どもの希望の作業や活動，家庭状況（例えば共働きで送迎時間が限られている等）を保護者から聞き取って進路担当教師に相談しましょう。その子の実態や家族のニーズに合った事業所を一緒に考えてくれます。

STEP 2 福祉事業所の見学会に保護者を繋ぐ

　特別支援学校では，PTA等が中心となり，地域の福祉事業所見学会を行っていることがあります。見学会があるときは積極的に保護者に呼びかけましょう。保護者から個別の希望が出た際は，直接福祉事業所に申し込まず，進路担当教師に相談してから申し込みをしてください。他にも見学希望の保護者がいる場合があり，まとめて設定できるほうが望ましいためです。またアプローチのポイントで言及した，教師の事業所見学も積極的に行い，各事業所の理解を深めると保護者に有益な情報を伝えられます。

卒業後の職場生活の課題

Q 卒業生から，仕事を辞めたいと相談を受けました

最近忙しくて，この先続けられるか不安です……。

３ヶ月前，スーパーの青果部門に
配属されたミドリさん。担当外の仕事と
残業が増えているそう。

パートの方との関係は良好だけど，
最近転勤してきた直属の上司とは，
何だか話しづらいみたい……。

アプローチのポイント

👍 進路担当教師を中心とした卒後支援を行う

在学中から職場生活に向けた支援をし，卒業後も下記のように支援します。

・本人への心理面の支援

働くことは変化の連続で，常に臨機応変な対応が求められます。その時々の心の状態に寄り添い，前向きな気持ちで働くための方法を一緒に考えましょう。

・職場への働きかけ

必要に応じて本人と職場の間に入って環境調整を行います。また，職場でよき理解者を得られるようサポートし，安心感を育みましょう。

・専門機関との連携を行う

支援の移行やチーム支援の視点で，学校から相談支援機関に繋ぎます。

アプローチの実際

STEP 1 在学中からサポートを行い，相談できる関係を築く

　困難に直面したとき，相談できる人が身近にいると心の支えになります。教師は本人を取り巻く環境（人間関係や家庭環境等）が整うよう支援しましょう。

　また，本人が自信をもち，課題解決のプロセスを学べるように在学中から相談支援を行います。気持ちに寄り添いながら，自分で自分の生活をコントロールしていく意識を育てることです。そして，この支援を通して，卒業後も子どもが学校や教師に相談できる関係を築くことが大切です。

STEP 2 在学中から職場との環境調整をする

　在学中から子どもの自己理解を促します。また，「就労パスポート」や「私の取り扱い説明書」等のツールを活用し，職場に知ってほしいことや支援してほしいこと等を整理して伝えるサポートをしましょう。周囲の理解や協力を得ることで，自分のよさを発揮し，安心して働き続けることができます。

STEP 3 卒業後も，職場への働きかけや心理的サポートを行う

　特別支援学校高等部には卒業後の職場への定着支援を目的に卒後支援があります。担当者が職場へ訪問したり連絡したりし，本人と職場との間に入って調整します。始めは学校主導で本人と職場との関係づくりをしながら，最終的には職場主導の課題解決を目指します。卒後支援には本人への相談支援も含まれます。

STEP 4 卒業後，専門機関との連携を図る

　卒後支援の期間や内容は限られており，専門機関に協力を仰ぐこともあります。相談支援機関ではチームアプローチで職業生活を支えます。就労の相談は「就業・生活相談室」等で行い，実際の職場で直接的な支援を行う「ジョブサポーター制度」もあります。生活全般に関する相談は「相談支援事業所」で行います。

通常学級　　支援学級　　通級指導教室　**特別支援学校**

卒業後に向けた日常生活の課題

Q 自分から買い物に行くにはどうすればよいですか

自分で買い物に行かず，支援員の方や保護者が全部してくれるらしい……。

卒業後の自立に向け，自分の物は自分で買えるようになってほしい。

アプローチのポイント

👍 生活上必要な力や，子どもの求めている力を育む

　教師や支援者が子どもに「生活上で必要となる知識・技能」を育むという視点だけではなく，子どもの「〜したい」という思いを探り，自己実現のために必要な「生活上で求めている知識・技能」を育む視点が大切です。また，子どもの中に「〜したい」という思いが育っていない場合は，その子の興味関心や強みを生かして，思いを引き出したり育てたりすることも大切です。

👍 習得した知識・技能を生活場面で生かせるよう支援する

　知的障害のある人が，知的な遅れがあるために活動（買い物等）ができないのではなく，獲得した知識・技能を日常生活場面で生かすことが難しかったり，活動する機会がなかったりするために力が発揮されないことが考えられます。

アプローチの実際

STEP 1 子どもの思いに応えながら知識・技能の習得を支援する

　従来通り，生活や余暇，仕事に必要となる知識・技能は，子どもの実態に応じてできるだけ多く獲得できることが望ましいです。例えば，買い物に必要な知識・技能には，「購入方法・支払方法の特徴や計画的な金銭管理の必要性が分かること」「売買契約の仕組みが分かること」等が挙げられます。さらに，教師が必要と考える知識・技能だけでなく，子どもがしたいことの実現に必要な知識・技能の習得も支援しましょう。生活上必要な知識・技能の習得も，子どもの「〜したい」という思いに関連付けて支援できるとよいです。また，「おもしろそう，やってみたい」という子どもの思いを引き出し，育むことが重要です。

STEP 2 生活を豊かにしていく力の習得を支援する

　生活を豊かにしていく力とは，「身につけた知識・技能を生かして，一人一人が自分の意思で活動する力」です。つまり，ある特定の学習や生活に必要な力でなく，すべての学習や生活において横断的に必要とされる力であると捉えることができます。こうした力を高めるために，学習過程では，知識・技能を身につける場面と，それらをもとに自分で思考したり，判断したり，表現したりする場面を活動の文脈に沿って設定することが大切です。学んだことを相互に関連付けながら，実際の生活場面で発揮される経験を積み重ねることが重要です。

STEP 3 学校生活の各段階で少しずつ活動範囲を広げる

　小学部から高等部にかけ，身につけた知識・技能を生かした活動の幅を広げましょう。例えば小学部では身近な家庭生活に，中学部では小学部の経験を生かして地域生活に結びつけます。さらに高等部で職業生活に結びつける等，無理なく自然な形で自立的な活動を広げられると卒業後の生活の充実に繋がります。自分のよさを発揮したり仲間と協力しながらやり遂げたりする活動を重ね，一人一人の意欲を引き出すことが大切です。

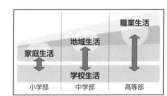

図 4-3　各段階の活動範囲
出典：北海道教育大学附属特別支援学校
　　　（2017）

201

9

通常学級　　支援学級　　通級指導教室　特別支援学校

卒業後に向けた余暇活動の課題

Q 卒業後に向けて，運動習慣等を定着させたいです

> ダイキさんは夏休み中，
> 運動しなくなり体重が増える一方だそう。
> 保護者から「買い物に行くのも
> 嫌がるようになった」と相談を受けました。

> マキトさんは，放課後等デイサービス等の
> 福祉サービスを利用していません。放課後は
> 家庭でTVばかり見て過ごしているようです。
> TV以外の活動にも興味をもってほしいです。

アプローチのポイント

👍 将来の余暇活動に繋げられる活動を充実させていく

　健康の保持増進やリフレッシュのためにも，「ランニングやウォーキング」等の運動に楽しんで取り組めるような支援が重要です。さらに，「絵の制作に取り組む」「太鼓やダンスを楽しむ」等音楽的，美術的な活動の選択肢も増やすと興味関心の幅が広がったり，外出や人との交流のきっかけになったりします。また，一人で自由時間を過ごせないことが課題になることもあるため，「タブレットで興味のある動画を見て過ごす」のように，支援者不在でも楽しめる活動も増やせるとよいでしょう。卒業後の生活をイメージして小・中・高で段階的に指導し，卒業後も楽しみながら継続できるようにすることが重要です。

アプローチの実際

STEP 1 将来の姿をイメージし，少しずつ経験を増やしていく

　本人が楽しみながら自分から（もしくは支援を受けながら）余暇活動に取り組む姿を目標に，就学時から少しずつ経験を重ねましょう。

　まずは「①新しい活動を経験させる」ことから始めます。子どもの年齢や経験により異なりますが，例えば水泳，ボウリング，カラオケ，鉄道写真の撮影，動物園の利用等が考えられます。活動で配慮することは「②できたという達成感を感じさせる」ことです。活動を通して活動のルール，公共施設の利用時のマナー，経費に関連した利用頻度等，「③ルールを理解させる」ことも大切です。教師，保護者，福祉サービスの職員等，「④支援者が変わっても活動に参加できる」ことも，活動の継続のためには必要です。

STEP 2 学校と家庭と福祉が連携して将来に繋げる

　「余暇活動の充実を目指す」ことはキーワードとして「個別の教育支援計画」に記載されることが多く，学校と家庭と福祉が役割分担しながら，将来の余暇活動の充実に向けて本人の好きなことや得意なこと，現在や将来の生活に対する願いを把握し，同じイメージで取り組むことが重要と考えます。

　例えば，高等部で行う「からだづくり」等でのランニングの指導を，地域のマラソン大会に参加する等，地域生活へ移行していくことが考えられます。子どもが「マラソン大会に参加したい」と思ったとき，地域の体育館で練習する等校外での練習を支援する福祉サービスの役割，マラソン大会の会場への移動や参加費用を負担する保護者の役割，マラソン大会の伴走等当日の支援を担当する教師等の役割等，多くの支援者がそれぞれの役割を担う必要があります。このように，一人では難しい余暇活動の実現・充実のためには，支援者の取組み・連携が重要です。

　休日の活動等は教師のボランティアに頼るところが大きく，積極的な取組みが難しい場合もあります。障害児者のサークル活動と連携を図り，サークルと同じ指導方法や配慮を学校の指導に取り入れる等の工夫を行うことも方策の1つです。

10

生徒指導案件への組織的な対応

Q 他の先生に「退学させるしかないのでは」と言われました

暴力行為や万引き，夜遊びに喫煙。
いつも問題を起こす子どもの支援，
どうすればいいんだろう……。

他の教職員と意見を
共有できなくて苦しい。

このまま学校に通うのは，本人のためにも
周囲のためにもよくないのではないでしょうか。

アプローチのポイント

👍 現在の経緯に至るまでの成育環境に着目する

「話が通じない……」と感じる子どもの中には，安定した養育や療育を受けていなかったり，信頼できる大人との関わりを経験していなかったりする場合もあります。現在の経緯に至るまでの成育環境を確認するとともに，一番不安で困っているのは子どもであることを肝に銘じましょう。

👍 根気強く接しながら，組織の中で共通理解を図る

行動に変化が現れるまでには時間がかかります。結果を急がず根気強く指導を続け，組織における話合いを通して共通理解を図りながら対応しましょう。

STEP 1 同僚・管理職と将来を見据えた指導方針を共有する

　特別支援学校における生徒指導は，マニュアル（規定）通りにいかないことが多く，組織における話し合いの中で共通理解を図ることが難しいこともあります。目の前で起こったことの解決だけを目的とし，すぐに結論付けるのではなく，子ども自身の特性，育ってきた環境や現在を取り巻く環境から受けるストレス等，本人と環境との相互作用の中で生じる課題として捉えることが重要です。例えば，本人の特性が理解されずに大人の不適切な対応が積み重なっていなかったか，学校や家庭で誰かにしっかりと話を聞いてもらえる場があったか等に着目する視点も重要です。また，生徒指導においては，反社会的，攻撃的，反抗的な行動を繰り返す行為障害のようなケースもありますが，適切な教育により社会に適応する力を育てることが可能です。そのことを念頭に置いた上で，指導方針については，将来的な展望も含め様々な可能性を探る姿勢をもちながら検討することが重要です。この視点は，校内外の会議のみならず，本人や保護者，養育者と話し合う際にも大切です。

STEP 2 自己存在感がもてるような関わりを積み上げる

　子ども自身が，大人が自分を理解してくれたり，存在を認めてくれたりすると感じられるように，次のことを意識して根気強く関わり続けましょう。

・子どもの気持ちや考えに対し，すぐに是非の判断をせず，背後にある心情や意味を理解しようと受容的な姿勢で関わる。
・承認，称賛，励ます等の言葉かけをしながら，共感的な姿勢で関わる。
・子どもが活躍できる場面を設定し，自分が必要とされている実感がもてるようにする。

　また，停学や退学等の措置を検討する場合は，子どもの数年後を見据えた慎重な判断を行う必要があります。あくまで，罰則的な意味合いではなく，その子のための教育的な判断や対応でなければなりません。もちろん，本人・保護者の思いを十分に確認することや，今後の支援に向けた関係者へ繋ぐ等の支援体制の検討も重要です。

引用文献 ••

● 相澤欽一（2007）．現場で使える精神障害者雇用支援ハンドブック　金剛出版.
● 小出進（2014）．知的障害教育の本質─本人主体を支える　ジアース教育新社.
● 北海道教育大学附属特別支援学校（2017）．研究紀要第 30 号.
● 文部科学省（2012）．共生社会の形成に向けたインクルーシブ教育システム構築のための特別
　支援教育の推進（報告）．2012 年 7 月 23 日

参考文献 ••

● 石塚謙二監修，全国特別支援学校知的障害教育校長会編著（2012）．知的障害教育におけ
　る専門性の向上と実際　ジアース教育新社.
● 伊藤嘉一・小林省三（2011）．「特別支援外国語活動」のすすめ方　図書文化.
● 大久保賢一（2019）．3 ステップで行動問題を解決するハンドブック─小中学校で役立つ行動分
　析学　学研プラス.
● 小栗正幸監修（2011）．行為障害と非行のことがわかる本　講談社.
● 鴨下賢一編著，立石加奈子・中島そのみ著（2013）．苦手が「できる」にかわる！発達が気
　になる子への生活動作の教え方　中央法規.
● 武富博文・増田謙太郎編著（2020）．新学習指導要領を踏まえた「学習評価」の工夫─育成
　を目指す資質・能力を 3 つの柱で見取るアイディア　ジアース教育新社.
● 美術手帖編集部（2019）．美術手帖 2019 年 2 月号 みんなの美術教育 ようこそ，「正解」の
　ない教室へ！．Vol. 71, No. 1074．美術出版社.
● 村本浄司（2020）．施設職員 ABA 支援入門：行動障害のある人へのアプローチ　学苑社.
● メリーアン・デムチャック，カレン W．ボサート著，三田地真実訳（2004）．リサーチから現場へ
　② 問題行動のアセスメント　学苑社.
● ロバート・E. オニール，リチャード・W. アルビン，キース・ストーレイ，ロバート・H. ホーナー，ジェ
　フリー・R. スプラギュー著，三田地真実・神山努監訳，岡村章司・原口英之訳（2017）．子ど
　もの視点でポジティブに考える問題行動解決支援ハンドブック　金剛出版.

第5章

特別支援教育と福祉制度・福祉サービス

特別支援学級・特別支援学校のいずれでも、教師が福祉サービスや福祉関係機関を知っておくことは、子どもとその家族のよりよい生活を考える上で重要です。

本章では、障害者手帳の種類や福祉サービスの利用方法、障害基礎年金の取得方法など、障害のある子どもと家族の生活の充実につながる情報をまとめています。

様々な福祉サービスの種類や利用方法について知り、子どもたちの支援にご活用ください。

障害者手帳の種類と取得の方法

① 障害者手帳の種類と取得の方法

Ｑ 療育手帳取得のメリットは何ですか

保護者から療育手帳取得のメリットを
聞かれたけれど，答えられなかった……。

障害者手帳も何種類かあるみたいだし，高等部の
入試で手帳について確認されることもあるみたい。

障害者手帳を取りたくないと言う保護者もいた。
手帳を取るメリットって何だろう……。

支援学級
担任１年目

基本的な理解

👍 障害者手帳の種類

　障害者手帳は，障害があることを証明する手帳です。大きく分けて３つあります。

①療育手帳（知的障害のある方）

②身体障害者手帳（肢体不自由のある方）

③精神障害者保健福祉手帳（精神障害や発達障害，てんかんのある方）

　医師による発達の経過観察を踏まえて，保護者や本人からの申請が必要です。

👍 自治体による違い

　手帳の名称や等級の判定は地域差があります。例えば，療育手帳は東京都では「愛の手帳」，埼玉県では「みどりの手帳」，他にも「愛護手帳」等の名称があります。

　また，等級の判定についても，北海道ではＡ（重度），Ｂ（中軽度）となっていますが，東京都では１度（最重度）から４度（軽度）となっています。居住地の自治体の福祉課への確認が必要です。

障害者手帳取得のメリットと留意点を把握する

①障害者手帳のメリット

・地域の様々な福祉サービスを受けることができるようになる。

・公共交通機関の料金や公共施設等，様々な施設の入場料が割引になる。

・税金や医療費等が安くなる。

・障害者雇用での就職が可能になる。

　また，必ずというわけではないですが，以下のような可能性もあり，取得するメリットは大きいといえます。

・特別支援学校高等部にスムーズに入学できる。

・障害基礎年金をもらえることがある。

②障害者手帳の留意点

　本人や家族が障害受容できていない場合，障害があることを証明することに抵抗感があり，手帳の取得を拒否することがあります。メリットが多い障害者手帳ですので，支援者は丁寧に説明する必要がありますが，最終的には本人や家族の意思を尊重することが大切です。

障害者手帳の取得の方法を知る

　取得するためには，市区町村の障害福祉担当窓口を通して，18歳未満は児童相談所，18歳以上は心身障害者総合相談所で障害の状況等について判定を受け，療育手帳取得の申請を行います（成人未満は保護者が申請）。まずは居住地の自治体の福祉課に連絡をしてもらいましょう。取得の手順や，お住まいの自治体の様々なサービスも確認するとよいでしょう。

理解を深める

■高等支援学校の受検の際は要確認

　療育手帳がなく高等支援学校（高等特別支援学校）を受検する際は，在籍の中学校を通して，受検する高等支援学校へなるべく早く相談してください。医師の診断書等代わりの資料が必要な場合があり，準備に時間がかかることがあるためです。

2 福祉サービスの種類と利用の方法

Q 学齢期にはどんな福祉サービスがありますか

> 支援学級在籍の子どもの保護者から
> 「まだ診断を受けておらず手帳がありませんが,
> 放課後等デイサービスを利用できますか」と
> 問い合わせがあった。

> 通常学級在籍の子どもで
> 利用を考えている保護者もいる。
> どんな手続きが必要なのかな?

支援学級担任1年目

基本的な理解

👍 学齢期に利用できる福祉サービス

　各自治体で障害者やその家族を支援するサービスが用意されています。学齢期の子どもが利用できる代表的なものが,放課後等デイサービス(詳細は次節参照)の通所サービスです。放課後等デイサービス利用のケースであれば,療育手帳がなくても「支援学級の在籍証明書」「児童相談所からの判定書」「医師の診断書」等で利用が可能となることがあるため,居住市区町村の窓口と確認してください。サービスを利用する際には,障害福祉サービス受給者証が必要となります。

　その他,以下のような障害福祉サービスがあります。

①短期入所(ショートステイ):夜間や休日等の預かりをします。

②行動援護:行動に著しい困難が見られる知的障害や精神障害のある子どもの外出時における,移動中の介護,排せつ,食事等の介護の他,必要な援助を行います。

③日中一時支援:一時的に子どもを預かり,保護者や家族の負担を軽減します。

居住の自治体の窓口に相談してもらう

福祉サービスの利用を希望する場合，保護者が居住地の福祉課に申請をする必要があります。まずは保護者に居住市区町村の窓口（障害福祉課等）に利用の相談をしてもらいましょう。そして，どのようなサービスを受けることができるか福祉課の職員と確認し，必要書類の記入等の手続きを行ってもらいます。

申請が認められると，障害福祉サービス受給者証が発行され，利用開始となります。障害福祉サービス受給者証とは，障害福祉サービスを利用するために自治体が発行する証明書です。これがないと，福祉サービスを受けることができません。

なお，障害福祉サービス受給者証の発行までに時間がかかることがありますので，早めに居住市区町村の窓口に連絡してもらいましょう。

理解を深める

■成人期における福祉サービス

成人期の福祉サービスは，学齢期に利用できる福祉サービスより幅が広がります。

生活面では，短期入所や行動援護，日中一時支援等の他にグループホーム（第5章4節参照）の利用や家事援助（洗濯や調理，掃除を行ってくれる）等の支援があります。就労面では，一般就労に向けた就労移行や就労継続支援等のサービスがあります。

■相談支援事業所との繋がり

どのサービスを利用するにあたっても，基本は居住地の役所の窓口（障害福祉課等）で申請します。実際の利用にあたっては，相談支援事業所との契約が必要となります。相談支援事業所とは，地域の福祉サービス利用にあたっての計画を作成するところです。また他にも，実際にサービスを利用している様子を見学するモニタリングを行ったり，将来を含めた様々な福祉サービスについて相談に乗ってくれたりします。相談支援事業所の職員は，生涯を通した支援者となりえる存在です。学齢期のうちから相談支援事業所と繋がっておくとよいでしょう。

3 放課後等デイサービスの活動

Q 放課後等デイサービスってどんなところですか

> ケンジさん（自閉スペクトラム症）の
> お母さんは，一人で子育てをしている。
> 最近仕事で午後6時過ぎの帰宅や
> 土曜の出勤が増えているそう。

> ケンジさんは留守番できるものの，
> お母さんが放課後や土曜日に
> 安心して預けられる場所はないかしら。

支援学校中学部
担任1年目

基本的な理解

👍 放課後等デイサービス設立の背景

　障害のある子どもが放課後等に安心・安全に過ごすための居場所を確保するためや保護者が仕事と家庭を両立するため，また，レスパイト（一時預かり）の必要性により，放課後等デイサービスが設立されました。放課後等の時間を活用して障害のある子どもの発達に必要な支援を求める声もありました。このサービスは，児童福祉法に基づいて運営されています。

👍 放課後等デイサービスの概要

①子どもの発達過程や特性，適応行動の状況を理解した上で一人一人の状態に即した放課後等デイサービス計画（個別支援計画）に沿い育成支援・発達支援を行います。

②学校授業終了後または休業日に生活能力向上のための必要な訓練を継続的に提供することにより，学校教育と相まって障害のある子どもの自立を促進します。

③対象は主に小・中学校の支援学級，特別支援学校の小学部から高等部までの子どもです。学校や家庭までの送迎サービスも行っています。

放課後等デイサービスの利用方法を案内する

通常の放課後等デイサービスの利用までの流れは以下の通りです。

①見学申し込み……希望する放課後等デイサービスに保護者が電話します。

②見学……保護者が施設を見学して，利用希望について職員と相談します。

③利用申し込み……居住地の福祉課に行き，放課後等デイサービスの利用希望を申請します。

④サービス等利用計画案の作成……相談支援事業所と契約し，利用計画書を作ってもらいます。

⑤支給決定……居住地の福祉課より通所受給者証が届きます。

⑥放課後等デイサービスの利用が開始されます。

利用にあたっては，月ごとの利用回数に上限があり，子どもの状況によって変わります。利用料は，負担上限月額や世帯収入による上限額が設定されます。

なお，小学生の放課後の活動に放課後児童クラブがあります。こちらは保護者が仕事等により昼間家庭にいない小学生の児童を対象とした事業で，障害のある児童生徒を対象とした福祉サービスである放課後等デイサービスとは利用手続き等が基本的に異なります。

理解を深める

■放課後等デイサービスに関わる課題と留意事項

①放課後等デイサービスで子どもに必要な支援を行う上で，学校との連携が求められます。しかし，学校との連携に関しては，特に通常学校との下校時の引継ぎが行いにくいという現状があります。通常学級の教師の中には，放課後等デイサービスの活動を十分に知らない方もいます。放課後等デイサービスの利用者は今後も増えると考えられる中，事業所と学校で会議を通しての連携を行っている事例は少なく，学校との連携が課題です。

②放課後等デイサービスを行う事業所が増えているので，利用の際は，複数の放課後等デイサービスを見学し，本人や保護者が活動方針や活動内容，雰囲気等を理解して，納得して事業所を選ぶことが大切です。

4 成人期の自立とグループホームの活用

Q グループホームを利用するにはどうしたらよいですか

ケンタさんは，高等部卒業後に
グループホームでの生活を考えている。
希望したらすぐに入居できるのかなあ？

支援学校高等部
担任1年目

福祉施設併設のグループホームは
現在のところ空きが少ない。
それにグループホームになじめない人もいるみたい。
グループホーム利用に向けた注意点って何だろう？

基本的な理解

👍 グループホームの概要

　グループホームは，生活や健康管理のサポートを受けながら，数人の仲間と共同生活を送る住居です。障害のある人たちが地域に溶け込んだ暮らしができることを目的とし，その人らしい自立した生活を送り，幸せな人生を過ごせるよう支援する場所です。生涯の居場所となることもあります。しかし現状ではグループホームは定員が埋まっていることが多く，希望通りに利用できないという課題があります。

👍 グループホームの利用料金

　グループホームの利用には利用料金がかかります。利用料金は各グループホームで異なりますが，食費や光熱費，冬期の暖房費（北海道等の冬期の寒さが厳しい地域では，光熱費とは別に暖房費がかかる）等を含めて概ね月7〜8万円程度です。高等部を卒業してすぐにグループホームに入居した場合，本人の収入では足りないことが多く，20歳になり障害基礎年金を受給できるようになるまでは，家族の経済的支援が必要となります。またグループホームによっては初期費用がかかることもあります。各グループホームと確認してください。

自立に向け，本人の意思を明確にする

　グループホームの利用にあたっては，家族と本人の気持ちが一致していることが大切です。学校としては，保護者と子どもの気持ちを丁寧に聞き取り，進路学習等で，家族と本人の気持ちが同じ方向を向くよう支援していきます。

グループホームの利用方法を案内する

　在籍する学校の進路担当の教師に相談し，最新の情報をもらった上で，空き情報や利用までの流れについて保護者に情報提供しましょう。

①入居に関する相談……希望するグループホームに電話し，実際にグループホームを見学，体験して，費用や持ち物等の確認を行います。

②利用申し込み……居住地の市区町村の窓口（障害福祉課等）に相談や利用の申し込みをします。その後，障害支援区分判定を受けます。

③サービス等利用計画案の作成……相談支援事業所と契約し，利用計画書を作ってもらいます。

④契約……グループホームと契約し，費用や持ち物を確認し，入居開始となります。

理解を深める

■本人の自立への気持ちを尊重する

　保護者の中には，「うちの子どもは自立なんて無理！　私たちが最後まで面倒を見ます」という方がいます。そこまで断言しなくとも「私たちが元気でいる限りは面倒を見ていく」と話す保護者もたくさんいます。

　子どもは18歳になるまでに，学校や放課後等デイサービス，訓練機関や様々なサークル活動を経験する中で，たくさんの方々と出会い，支援を受けながら理解を得て，成長していきます。一人でできることも増え，障害があっても，自立しようという気持ちは確実に育っていきます。学校としては，適切な時期に自立のスタートができるよう，保護者と本人の自立への気持ちを尊重し，応援することが大切です。

5

障害基礎年金の種類と取得の方法

Q 障害基礎年金がもらえる条件は何ですか

支援学校高等部
担任 1 年目

保護者から，障害基礎年金の金額について
聞かれたけど，いくらくらいもらえるのかな。
人によって金額が違うようだし……。

障害基礎年金をもらうための条件は？
そもそも，障害基礎年金の申請は
どのようにすればよいのだろう。

基本的な理解

👍 障害基礎年金とは

　20 歳以上で一定の障害のある方が受給できる年金です。保護者もしくは本人
による申請により，20 歳から受給可能となります。障害基礎年金の支給の条件
として，以下の 3 点があります。

①初診日（障害の原因となった病気やケガについて初めて医師の診療を受けた
　日）に国民年金に加入していること

②初診日において 65 歳未満であり，初診日のある月の前々月までの 1 年間に保
　険料の未納がないこと

③一定程度以上の障害状態にあること

　20 歳以前に医師の診断を受け療育手帳を取得している場合は，①と②の条件
を満たすことになります。つまり，特別支援学校に在籍している子どもの多くは，
特別支援学校に入学する時点で医師の診断書があったり，療育手帳を取得して
いたりするので，①と②の条件を満たしています。そのため，特別支援学校の
子どもが成人して障害基礎年金を受け取るには，③の一定程度以上の障害状態
にあることが条件となります。

障害基礎年金の種類と金額を把握する

障害基礎年金は，障害の程度によって２種類に分かれます。それぞれの等級でもらえる金額や認定基準は以下の表の通りです。

表 5-1　障害基礎年金の受給額（令和４年４月分から）
出典：日本年金機構（2022）https://www.nenkin.go.jp/service/jukyu/shougainenkin/jukyu-yoken/20150514.html#cms03

障害等級	年間	月間	認定基準
障害等級 1 級	972,250 円	81,020 円	日常生活のほとんどに介助が必要な場合
障害等級 2 級	777,800 円	64,816 円	日常生活に著しく支障が生じてきた場合

申請の方法を知る

20 歳から受給可能です。受給のためには，保護者もしくは本人が居住地の福祉課に障害基礎年金の申請を行わなければなりません。誕生日の１～２か月前を目安に申請を行うように案内しましょう。

理解を深める

■障害基礎年金の意義

障害基礎年金は，障害やケガにより日常生活に支障がある場合に，自立を目指した支援のために支給されるものです。障害やケガが改善した場合，支給停止となることがあります。

■療育手帳があっても障害基礎年金をもらえないケース

障害基礎年金は障害等級２級以上の方を対象に支給されます。療育手帳がない場合，受給することはほぼできないと考えた方がよいでしょう。療育手帳がある場合でも一般就労が可能な場合は，障害等級２級の条件を満たさないので，受給の対象外となる場合があります。

ただし，会社員として一般就労をしていて，障害基礎年金の認定基準で３級（労働が難しくなってきた場合）と認定された場合，障害厚生年金（会社員で厚生年金に加入時に，病気やケガで働けなくなった場合にもらえる年金）を受給できる可能性があります。受給の詳細に関しては，居住地の福祉課や利用している相談支援事業所に相談しましょう。

6

障害者と保険

Q 障害のある子どもが入れる保険を教えてください

放課後等デイサービスで子どもが職員の方に
ケガをさせてしまった。学校やデイサービス
で入っている保険で通院費用を支払うことに。

「家族で過ごしているときにケガをさせて
しまったらどうしよう」と保護者は不安に
なっている。障害のある子どもが入れる
保険はあるのかな。

支援学校小学部
担任1年目

基本的な理解

👉 障害のある方は一般の保険に加入できないことが多い

　一般的には，精神病，うつ病，神経症，てんかん，アルコール依存症，自律
神経失調症，薬物依存症，知的障害，認知症等は，告知事項にあたり，生命保
険や損害賠償保険に入ることができない場合が多いので確認が必要です。

　しかし，知的障害のある方や自閉スペクトラム症の方を専門とした生命保険
もあります。保護者が心配しているのであれば，万が一の事故に備え，そのよ
うな保険をお知らせしてもよいでしょう。

　ただし，事故が起きて，保険金が支払われるかどうかは，保険の契約内容や
状況等でケースごとに変わるので，保険に入る際は保険会社とよく確認するこ
とが大切です。

　学校や放課後等デイサービスでは，不慮の事故に対応するため事業所保険に
入っていることが多いです。冒頭の事例のような場合は，放課後等デイサービ
スの管理者に相談します。

障害のある方が加入できる保険を知る

知的障害のある方が加入できる保険はいくつかありますが，ここでは2種類の保険を紹介します。

学齢期では全国特別支援学校知的障害教育校PTA連合会が関わっている知的障害教育校総合補償制度，成人期では，一般社団法人全国知的障害児者生活サポート協会が関わっている生活サポート総合補償制度です。いずれも株式会社ジェイアイシーが取り扱っている

図5-1　知的障害教育校総合補償制度のチラシ
（ジェイアイシーのチラシより一部変更）

保険となります。詳細は，株式会社ジェイアイシーのホームページ（https://www.jicgroup.co.jp/）をご確認ください。

理解を深める

■親なきあとの将来を考える

多くの保護者が，自分が亡くなった後に残された子どもの生活を心配しています。その対策として保険を検討する場合もあります。

先述した株式会社ジェイアイシーでは，障害のある子どもたちの将来をサポートする「未来あんしんサポート」という生命保険信託も行っています。他にも，ぜんち共済株式会社も障害のある方向けの総合保険を取り扱っています。こちらもホームページを調べてみたり，また，同じ学校の先輩教師に他の保険について聞いたりして，情報を集めてみてください。

引 用 文 献 ....

●日本年金機構（2021）．障害基礎年金の受給要件・請求時期・年金額（更新日：2021 年 9 月 28 日）．
https://www.nenkin.go.jp/service/jukyu/shougainenkin/jukyu-yoken/20150514.html
（2021 年 11 月 5 日閲覧）

参 考 文 献 ....

●株式会社ジェイアイシーホームページ．https://www.jicgroup.co.jp/（2021 年 11 月 5 日閲覧）
●厚生労働省（2015）．放課後等デイサービスガイドライン（平成 27 年 4 月 1 日）．
https://www.mext.go.jp/a_menu/shotou/tokubetu/material/__icsFiles/afieldfile/2015/12/11/1365225_02_1.pdf（2021 年 11 月 5 日閲覧）
●厚生労働省（2015）．障害福祉サービスの利用について（平成 27 年 4 月版）．
https://www.mhlw.go.jp/stf/seisakunitsuite/bunya/0000059660.html（2021 年 11 月 5 日閲覧）
●ぜんち共済株式会社．https://www.z-kyosai.com/（2021 年 11 月 5 日閲覧）
●東京都福祉保健局．愛の手帳について．
https://www.fukushihoken.metro.tokyo.lg.jp/shinsho/a_techou/ainotechounituite.html（2021 年 11 月 5 日閲覧）
●北海道伊達市健康福祉部社会福祉課障がい者福祉係．障害福祉サービスの利用方法
https://www.city.date.hokkaido.jp/hotnews/detail_sp/00000872.html（2022 年 3 月 8 日閲覧）
●北海道保健福祉部（2020）．障害者手帳交付状況（令和 3 年 3 月 31 日現在）．北海道保険福祉部．
https://www.pref.hokkaido.lg.jp/hf/shf/syofuku/toukei/techo/kouhujyokyo27.html（2021 年 11 月 5 日閲覧）
●村山洋平（2015）．放課後等デイサービス事業所と学校との連携の実態に関する調査研究．上越教育大学大学院修士論文．
https://www.juen.ac.jp/handi/linkfiles/syuronyoushi/H27/H27_16.pdf（2021 年 11 月 5 日閲覧）

おわりに

　本書は，「高等支援学校の教育に関する学習会」という，有志による取組みをベースに企画されました。2年間（H30 ～ R元年）という時限付きで実施したこの学習会のコンセプトは，「少人数で本音を議論できる場の設定」であり，「高等支援学校の現状を把握するとともに，教育現場で抱える実際的な課題や困り感と，その対応のあり方について理解を深めること」が主なねらいでした。

　実際の取組みにおいては，「生徒理解」や「指導方法」，「進路指導」，「教育課程」等のテーマに沿った話題提供（事例）をもとに，様々な視点からの意見交流がなされました。そして，これらの事例を通して，特別支援教育の分野における様々な研究や研修が進み，必要な情報を得やすくなった現在においても，特別支援教育に関する基礎的・基本的な理解についての課題が散見されること，困り感を抱える支援者が，より主体的に学びを深めることができるようなサポートが必要であることを再確認できました。

　高等支援学校に焦点を当てた学習会ではありましたが，これらは，特別支援教育に関わる様々な現場において共通の課題であると考えられました。そこで，青山眞二先生を中心とする7名の編者が集い，書籍化に向けた検討が始まりました。

　本書の作成にあたっては，先に挙げた課題に対応するために，以下の4点を基本的な方針として押さえることとしました。

- 特別支援教育に関する「なぜ?」「どうする?」といった現場での素朴な疑問や困り感を解決するための「お助け本」となること
- 機械的な専門用語の解説ではなく，自分たちの経験からぜひとも知ってもらいたい実践的な内容を中心に構成すること
- 可能な限り臨床的な視点から論じられるよう，「仮想事例」に対するアンサーまたは提案というパターンを中心に構成すること
- 読者対象は，新任教師や特別支援教育の経験が浅い教師を中心に，通常教育から特別支援学校まで，幅広く想定すること

執筆にあたっては，通常学級や通級指導教室，特別支援学級，特別支援学校等，それぞれの学びの場で活躍されている先生方にご協力いただきました。特別支援教育に関する深い理解と豊かな経験に基づいた内容は，教育現場の実情に即したもので，読者のみなさまの素朴な疑問や困り感の解決に向けた手がかりを与えてくれるものになっていることと思います。

　また，全体的な紙面構成については，「見やすさ」「親しみやすさ」といった点に特段の配慮を行いました。その点で重要な役割を果たすイラストについては，各章ごとに作成者を分担し，「仮想事例」の状況等について打ち合わせを重ねた上で作成していただきました。

　このように，本書は多くの方々の経験や知識，技術が結集して完成したものであります。

　本書が特別支援教育に携わる多くの方々に読まれ，日頃の教育実践における「お助け本」としての役割を果たすことができ，さらには，特別な教育的ニーズを有する子どもたちや様々な学びの場についての理解を深めるための拠り所としてお役に立つことができれば，幸いに思います。そして，その結果，子どもたちの生活をより豊かなものにすることに繋がっていくことを願っています。

　最後に，本書の刊行にあたって，図書文化社の渡辺佐恵様，加藤千絵様をはじめとしたたくさんの方々からご支援をいただきましたことを，心より感謝申し上げます。

　　令和 4 年 1 月

益山友和

執筆者一覧（掲載順，2022 年 3 月現在）

- ●青山眞二　北海道教育大学函館校特任教授，北海道教育大学附属特別支援学校校長 …… 1 章 1 ～ 5・10
- ●首藤啓美子　北海道札幌養護学校教諭 …… 1 章 6・7
- ●白府士孝　函館短期大学専任講師 …… 1 章 8・9・14・16・19，4 章 1 の 9，2 の 5，3 の 8
- ●益山友和　千歳市立北進小学校教諭 …… 1 章 11 ～ 13，4 章 2 の 2，3 の 1・4
- ●野辺地知子　北海道稚内養護学校教諭 …… 1 章 15
- ●久蔵幸生　札幌市立琴似小学校教諭 …… 1 章 17・18
- ●上野　樹　岩手県花巻市立若葉小学校教諭 …… 2 章 1・2・8・9・11
- ●小川英子　千歳市立北栄小学校教諭 …… 2 章 3・10・12
- ●村田敏彰　千歳市立東小学校校長 …… 2 章 4・13・15・16
- ●菅原美奈子　岩手県花巻市立新堀小学校教諭 …… 2 章 5・17
- ●工藤陽介　山形県教育庁生涯教育・学習振興課社会教育主査 …… 2 章 6・7・19
- ●滝田充子　岩手県花巻市立石鳥谷中学校教諭 …… 2 章 14・18
- ●沖野　茜　札幌市立伏古北小学校教諭 …… 3 章 1・4
- ●脇坂文貴　旭川市立東光小学校教諭 …… 3 章 2・3・8
- ●渡辺拓生　北海道教育大学附属札幌小・中学校特別支援学級（ふじのめ学級）教諭 …… 3 章 5 ～ 7
- ●庄子果那　札幌市立月寒小学校教諭 …… 3 章 9・13
- ●小松田歩　旭川市立知新小学校教諭 …… 3 章 10・17
- ●大崎弥生　札幌市立羊丘小学校教諭 …… 3 章 11・12
- ●植村美代子　美瑛町立美瑛東小学校教諭 …… 3 章 14 ～ 16
- ●伊藤　功　北海道星置養護学校ほしみ高等学園教諭 …… 4 章 1 の 1，2 の 3・4・6・7
- ●吉田史人　北海道星置養護学校ほしみ高等学園教諭 …… 4 章 1 の 2・6，2 の 10
- ●藤原進一　北海道星置養護学校教諭 …… 4 章 1 の 3・8
- ●髙野久恵　北海道夕張高等養護学校自立活動教諭 …… 4 章 1 の 4
- ●蔵方繭香　北海道星置養護学校教諭 …… 4 章 1 の 5，2 の 11
- ●太田千佳子　北海道教育大学附属特別支援学校副校長 …… 4 章 1 の 7，3 の 2・10
- ●髙石　純　元北海道教育大学附属特別支援学校教諭，現北海道立特別支援教育センター …… 4 章 1 の 10，2 の 9
- ●齊藤留美　北海道教育大学附属特別支援学校教諭 …… 4 章 1 の 11，2 の 12
- ●佐々木香織　市立札幌みなみの杜高等支援学校教諭 …… 4 章 1 の 12，2 の 14・15，3 の 7
- ●道添範大　北海道札幌伏見支援学校教諭 …… 4 章 2 の 1
- ●加藤　歩　北海道星置養護学校ほしみ高等学園教諭 …… 4 章 2 の 8，3 の 9
- ●三浦リナ　元市立札幌豊明高等支援学校教諭 …… 4 章 2 の 13
- ●喜井智章　北海道札幌養護学校白桜高等学園教諭 …… 4 章 3 の 3
- ●土屋和彦　北海道七飯養護学校教諭 …… 4 章 3 の 5・6，5 章 1・5・6
- ●中村洋子　相談支援事業所まてに相談員 …… 5 章 2・4
- ●大塚千枝子　北海道高等聾学校寄宿舎指導員 …… 5 章 3

イラスト作成者一覧（掲載順，2022 年 3 月現在）

- ●髙杉優加　札幌市立幌南小学校教諭 …… 1 章
- ●大平きよみ　イラストレーター …… 2 章，章扉，はじめに，おわりに
- ●山中あすか　札幌市立伏古北小学校教諭 …… 3 章
- ●矢野啓二郎　北海道中札内高等養護学校教諭 …… 4 章
- ●松倉泰介　北海道函館養護学校教諭 …… 5 章

監修者 青山眞二（あおやま・しんじ）

北海道教育大学函館校特任教授，北海道教育大学附属特別支援学校校長（令和3年4月より兼任）

1955年北海道生まれ。筑波大学大学院修士課程教育研究科修了。
札幌市の特別支援学校や特別支援学級教諭を経て，現在に至る。
著書：『長所活用型指導で子どもが変わるPart 1・2』（編著，図書文化），『発達障害児へのピンポイント指導〜行動を解釈し，個に応じた指導を編み出す』（編著，明治図書），『デキる「特別支援教育コーディネーター」になるための30レッスン＆ワークショップ事例集』（編著，明治図書），『エッセンシャルズ KABC-Ⅱによる心理アセスメントの要点』（監修，丸善出版），『日本版KABC-Ⅱによる解釈の進め方と実践事例』（分担執筆，丸善出版），『アセスメントで授業が変わる』（編，図書文化）

編著者

●益山友和（ますやま・ともかず）
　平成22年北海道教育大学大学院修士課程修了，千歳市立北進小学校教諭

●白府士孝（しらふ・のりたか）
　平成20年北海道教育大学大学院修士課程修了，函館短期大学専任講師

●上野樹（うわの・たつる）
　平成18年北海道教育大学大学院修士課程修了，岩手県花巻市立若葉小学校教諭

●脇坂文貴（わきざか・ふみたか）
　平成15年北海道教育大学大学院修士課程修了，旭川市立東光小学校教諭

●伊藤功（いとう・たくみ）
　令和3年北海道教育大学大学院修士課程修了，北海道星置養護学校ほしみ高等学園教諭

●土屋和彦（つちや・かずひこ）
　平成13年北海道教育大学大学院修士課程修了，北海道七飯養護学校教諭

はじめての特別支援教育
「あるある事例」の解決法98

2022年4月20日　初版第1刷発行［検印省略］
2022年9月30日　初版第3刷発行

監　修　者　Ⓒ青山眞二
編　著　者　Ⓒ益山友和・白府士孝・上野樹・
　　　　　　　脇坂文貴・伊藤功・土屋和彦
発　行　人　則岡秀卓
発　行　所　株式会社　図書文化社
　　　　　　　〒112-0012 東京都文京区大塚1-4-15
　　　　　　　TEL 03-3943-2511 FAX 03-3943-2519

本文デザイン・装幀　中濱健二
組版・印刷　株式会社 厚徳社
製　　　本　株式会社 村上製本所

JCOPY ＜出版者著作権管理機構 委託出版物＞
本書の無断複製は著作権法上での例外を除き禁じられています。
複製される場合は，そのつど事前に，出版者著作権管理機構（電話 03-5244-5088，FAX 03-5244-5089，e-mail: info@jcopy.or.jp）の許諾を得てください。

乱丁・落丁本の場合はお取り替えいたします。定価はカバーに表示してあります。
ISBN978-4-8100-2762-4　C3037